晚清民國時期中國名勝古蹟圖集

晚清民国时期
中国名胜古迹图集

CHINESE HISTORICAL SITES OF
THE LATE QING DYNASTY AND
THE REPUBLIC OF CHINA

第贰卷　全本精装版

VOLUME 2　LONGMEN GROTTOES OF HENAN PROVINCE　河南龙门

SONGSHAN MOUNTAIN OF HENAN PROVINCE　河南嵩山

[日] 常盘大定　关野贞　著

苏红　译

图书在版编目（CIP）数据

晚清民国时期中国名胜古迹图集：全本精装版. 第二卷 /（日）常盘大定,（日）关野贞著；苏红译. -- 北京：中国画报出版社, 2019.6（2024.7重印）
ISBN 978-7-5146-1726-9

Ⅰ. ①晚… Ⅱ. ①常… ②关… ③苏… Ⅲ. ①名胜古迹—中国—近现代—图集 Ⅳ. ①K928.70-64

中国版本图书馆CIP数据核字(2019)第049252号

晚清民国时期中国名胜古迹图集（全本精装版） 第二卷

[日] 常盘大定 关野贞 著 　　苏红 译

"十三五"国家重点图书出版规划
国家出版基金资助项目

策　　划：于九涛
项目主持：于九涛　齐丽华
本卷主编：张明杰
校　　译：刘芳　李炜
责任编辑：代莹莹
封面设计：郑建军
责任印制：焦洋

出版发行：中国画报出版社
地　　址：中国北京市海淀区车公庄西路33号　邮编：100048
发 行 部：010-88417418　010-68414683（传真）
总编室兼传真：010-88417359　版权部：010-88417359

开　　本：16开（889mm×1194mm）
印　　张：18
字　　数：100千字
版　　次：2019年6月第1版　2024年7月第3次印刷
印　　刷：三河市金兆印刷装订有限公司
书　　号：ISBN 978-7-5146-1726-9
定　　价：1980.00元（全十二卷）

作 者

常盘大定 (1870—1945)

日本宫城县人，研究中国佛教之学者。历任日本真宗中学、天台宗大学、日莲宗大学、真宗大学、丰山大学、东京大学等校教师。1920年以后五次来华，研究敦煌、云冈、龙门诸石窟及房山石经等佛教史迹。主要著作有《印度文明史》、《释迦牟尼传》、《中国佛教史迹》、《中国佛教史迹英文评解》五册（与关野贞合著）、《中国文化史迹》十二册（与关野贞合著）等。

关野贞 (1868—1935)

日本近代著名建筑史研究家，生前为东京大学工学部建筑学科教授。不仅在日本建筑史方面造诣很深，而且在中国、朝鲜等国的建筑与美术史研究界也享有盛名。曾多次到中国、朝鲜及印度等国实地考察，撰写了一批影响深远的考察报告和学术论著。主要著作有《日本的建筑与艺术》、《朝鲜的建筑与艺术》、《中国的建筑与艺术》、《中国文化史迹》十二册（与常盘大定合著）等。

译 者

苏 红

文学博士。河南许昌人。1997年留学日本。现于日本东京外国语大学任教。主要从事中日对比研究和对外汉语教学语法研究。著有《色彩词的历史性研究》《日语和汉语》《汉语语法研读》《汉语情景对话4800句》等专著，并有多本对日汉语教材面世。

目录 / CONTENTS

河南龙门 / Longmen Grottoes of Henan Province ... 七

概说	八	Introduction
石窟开凿的年代	一六	Time of the Excavation of Longmen Grottoes
造像样式	一八	The Style of Grotto Statuary
第1窟	一八	Cave No.1
第2窟	二二	Cave No.2
第3窟 宾阳洞	二八	Cave No.3 Binyang Cave
第4窟	四〇	Cave No.4
第5窟 敬善寺洞	四八	Cave No.5 Jingshansi Cave
第6窟 摩崖三佛龛	五二	Cave No.6 Three Buddha Shrines on Cliff
第7窟	五二	Cave No.7
第8窟	五三	Cave No.8
第9窟 万佛洞	五四	Cave No.9 Cave of Tens of Thousands of Buddhas
第10窟 塔洞	六〇	Cave No.10 Cave of Pagoda
第11窟	六〇	Cave No.11
第12窟 大洞	六〇	Cave No.12 Great Cave
第13窟 莲花洞	六二	Cave No.13 Lianhua(Lotus) Cave
第14窟	七八	Cave No.14
第15窟	七八	Cave No.15
第16窟 破洞	七八	Cave No.16 Unfinished Cave
第17窟 魏字洞	八〇	Cave No.17 Cave of Characteristics of the Wei Dynasty
第18窟	八八	Cave No.18
第19窟 奉先寺卢舍那佛	八八	Cave No.19 Vairocana Buddha
第20窟 药方洞	一〇四	Cave No.20 Yaofang Cave
第21窟 古阳洞	一一〇	Cave No.21 Guyang Cave
极南窟	一六六	**Jinan Cave**
东山石窟寺左窟	一七〇	Left Cave of Dongshan Shiku Temple
东山石窟寺右窟	一七二	Right Cave of Dongshan Shiku Temple
东山石窟寺附近小窟	一八〇	Small Caves Close to Dongshan Shiku Temple
龙门广化寺碑	一八二	Stele of Longmen Guanghua Temple

河南嵩山	一八五	Songshan Mountain of Henan Province
少室山	一八六	**Shaoshi Mountain**
少林寺	一八八	**Shaolin Temple**
皇唐嵩岳少林寺碑	一九二	Huangtang Songyue ShaolinTemple Stele
少林寺东魏造像石	二〇〇	A Statue Stone of the Eastern Wei Dynasty in Shaolin Temple
少林寺北齐石刻三尊像	二〇二	Three Stone Statues of the Northern Qi Dynasty in Shaolin Temple
少林寺北齐碑像	二〇四	A Statue of the Northern Qi Dynasty in Shaolin Temple
少林寺鼓楼	二〇八	Drum Tower in Shaolin Temple
初祖庵	二一〇	Chuzu Temple
少林寺开山裕公之碑	二一八	A Stele for Memorizing the Founder of Shaolin Temple
请疏碑	二二〇	Qingshu Stele
息庵禅师道行碑	二二二	Stele of the Practice of Zen Master Xi'an
初祖庵诸碑	二二四	Steles in Chuzu Temple
二祖庵	二三二	Erzu Temple
唐少林寺戒坛铭	二三四	Inscription of the Teaching Altar of Shaolin Temple in the Tang Dynasty
灵运禅师塔铭	二三五	Inscription of the Pagoda for Master Lingyun
法玩禅师塔及塔铭	二三六	Pagoda for Master Fawan and its Inscription
同光禅师塔铭	二三八	Inscription of the Pagoda for Master Tongguang
少林寺历代住持墓塔	二四〇	Tombs Pagoda for Abbots of Shaolin Temple
少林寺历代墓塔铭拓本	二四四	Inscription Rubbing of Tombs Pagoda for Abbots of Shaolin Temple
嵩岳寺	二五四	**Songyue Temple**
十二角十五层砖塔	二五四	Fifth-storey Dodecagonal Brick Pagoda
法王寺	二五八	**Fawang Temple**
会善寺	二六六	**Huishan Temple**
中岳嵩阳寺碑	二七六	**Stele for Zhongyue Songyang Temple**
永泰寺	二八〇	**Yongtai Temple**
碑楼寺	二八四	**Beilou Temple**
刘碑	二八四	Liubei Stele
译后记	二八八	**Translator's Notes**

河南龙门
LONGMEN GROTTOES OF HENAN PROVINCE

| LONGMEN GROTTOES OF HENAN PROVINCE | 河南龙门 |
| SONGSHAN MOUNTAIN OF HENAN PROVINCE | 河南嵩山 |

概说

龙门位于北魏新都洛阳南约 13 公里处。自嵩山丘陵绵延不绝，在其断裂的缝隙中，伊水横穿而过。故伊水两岸断崖峭壁之间相距约 1.3 公里，成大石门状，故有"伊阙"或"龙门"之称。此断崖由黑色大理石的岩层构成，适合开凿。北魏以后至隋唐时代，盛行开凿石窟、石佛，总数多达数万，难以具体统计。两岸山脊露出，如今左侧潜溪寺，右侧香山寺。殿宇在古柏老树中时隐时现。伊水清流直下，风光明媚，非荒凉云冈可比。龙门距洛阳仅 13 公里，因首都附近恰有适于开凿之断崖，北魏的皇室贵戚于太和十七年（493）迁都洛阳后，即刻模仿云冈，于此处亦大兴开凿石窟。东魏、北齐、隋、唐相继继承此举，特别是唐高宗及武后时期，开凿活动达到高峰。玄宗时期日渐衰落，此后开凿活动几乎完全终止。顺便提及一点，迁都洛阳之时间，年表记录为太和十八年（494），而《洛阳伽蓝记》序和《文馆词林》所载孝文帝之诏书中皆为太和十七年（493）迁都，故应遵从此记载。

伊水两岸均盛行开凿洞窟，而北魏时期只在左（西）岸开凿，隋唐时代的重要洞窟亦多在此侧。右（东）岸主要为唐代开凿，且无代表性石窟。左岸石窟大体分为南北两区，北区为今潜溪寺到摩崖三佛龛附近之群窟，其中代表性石窟有六处。自北向南的第 1 窟至第 4 窟均在潜溪寺境内。其中第 3 窟即所谓的宾阳洞。第 5 窟是敬善寺洞，第 6 窟为摩崖三佛龛。此外，尚有大小不一数百个佛龛，但几乎没有什么引人瞩目者。从此处向南约百余米，岩体石质欠佳，没有值得鉴赏之洞窟。

渡场一带以南属于南区。有大小石窟、石佛数万个。其中有十五个代表性洞窟，即从第 7 窟到第 21 窟。第 19 窟是大露佛，第 21 窟为著名的古阳洞（又称老君洞）。从此处向南虽有大量佛龛，但多遭破坏，少有保存完好者。只有南端附近的一窟（假称极南窟），略值关注。（图1、图2、图3-1、图3-2、图3-3、图3-4、图4）（关野贞 文）

图一·龙门·西山北方·潜溪寺附近远景

龙门西山全景

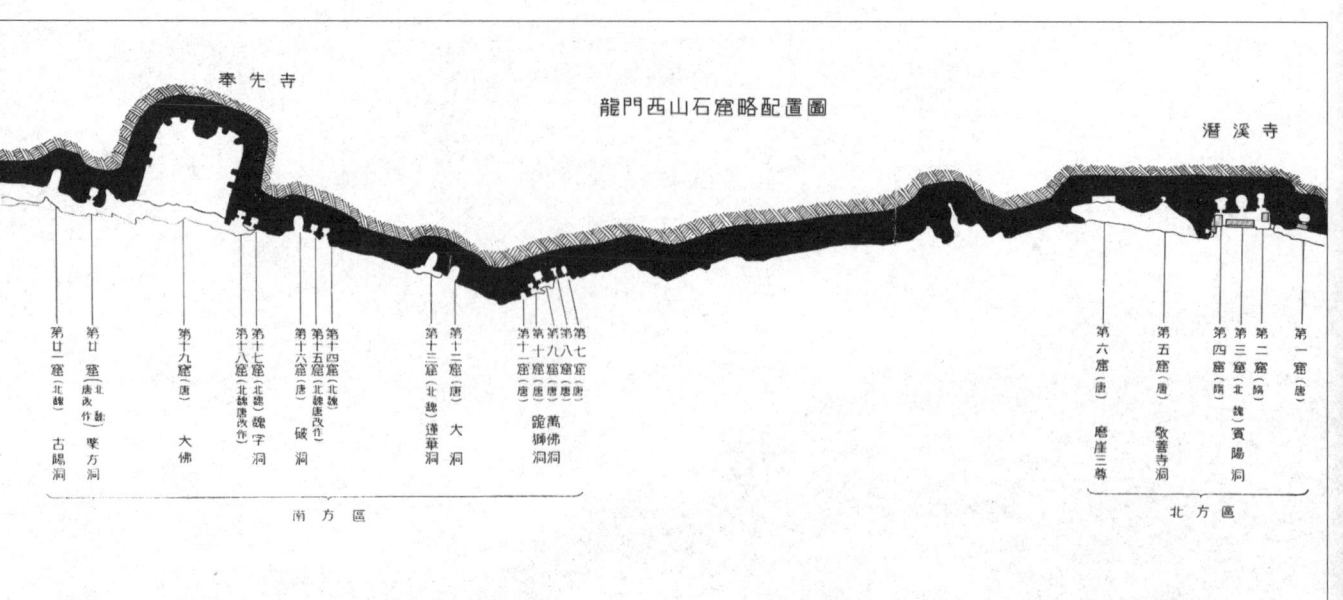

龙门西山石窟略配置图

晚清民国时期中国名胜古迹图集·第贰卷·河南龙门

图2·龙门·西山中央部·大佛附近远景

图3-1·龙门·西山全景

图3-2·龙门·西山全景

图3-4·龙门·西山全景

图3-3·龙门·西山全景

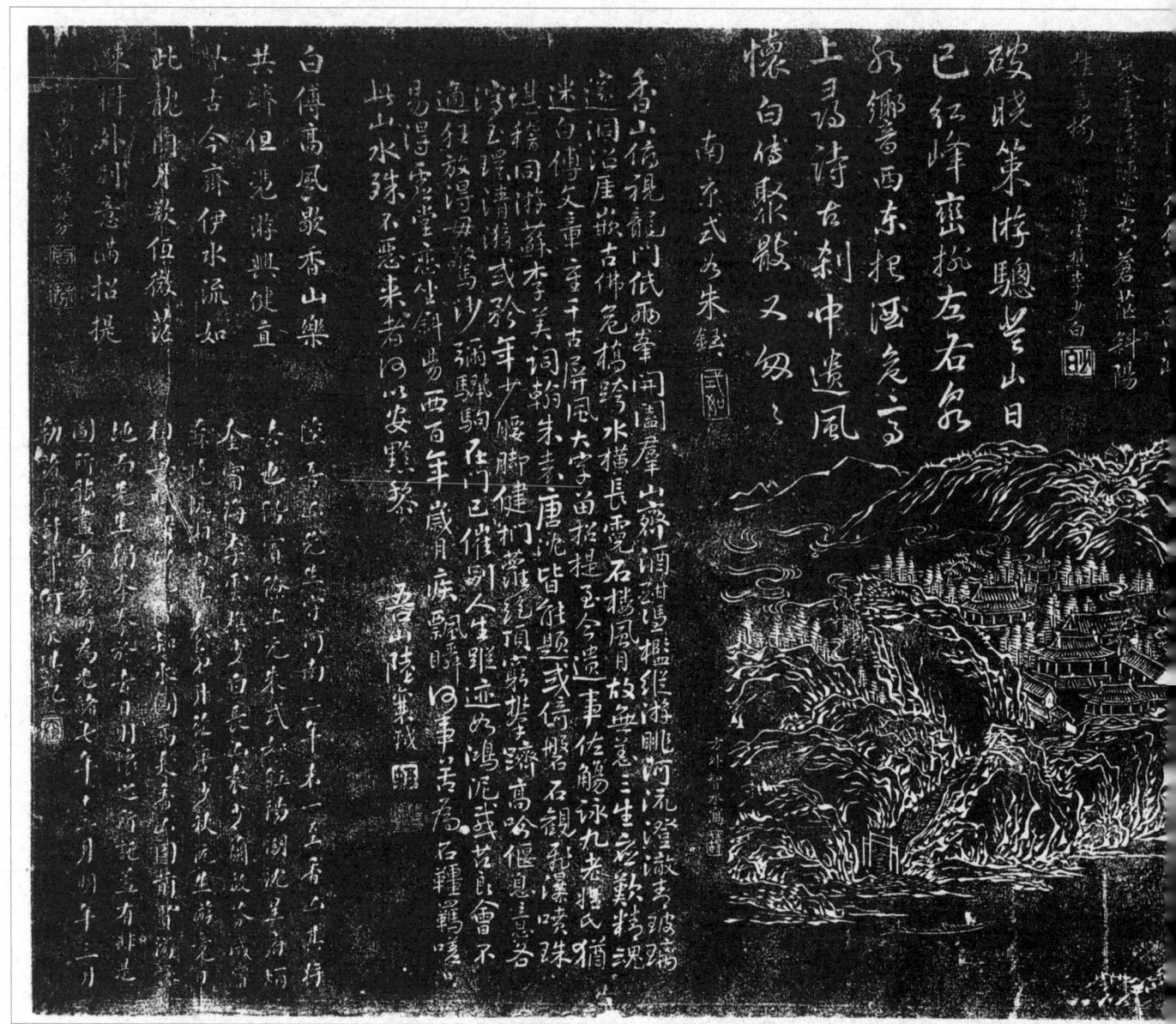

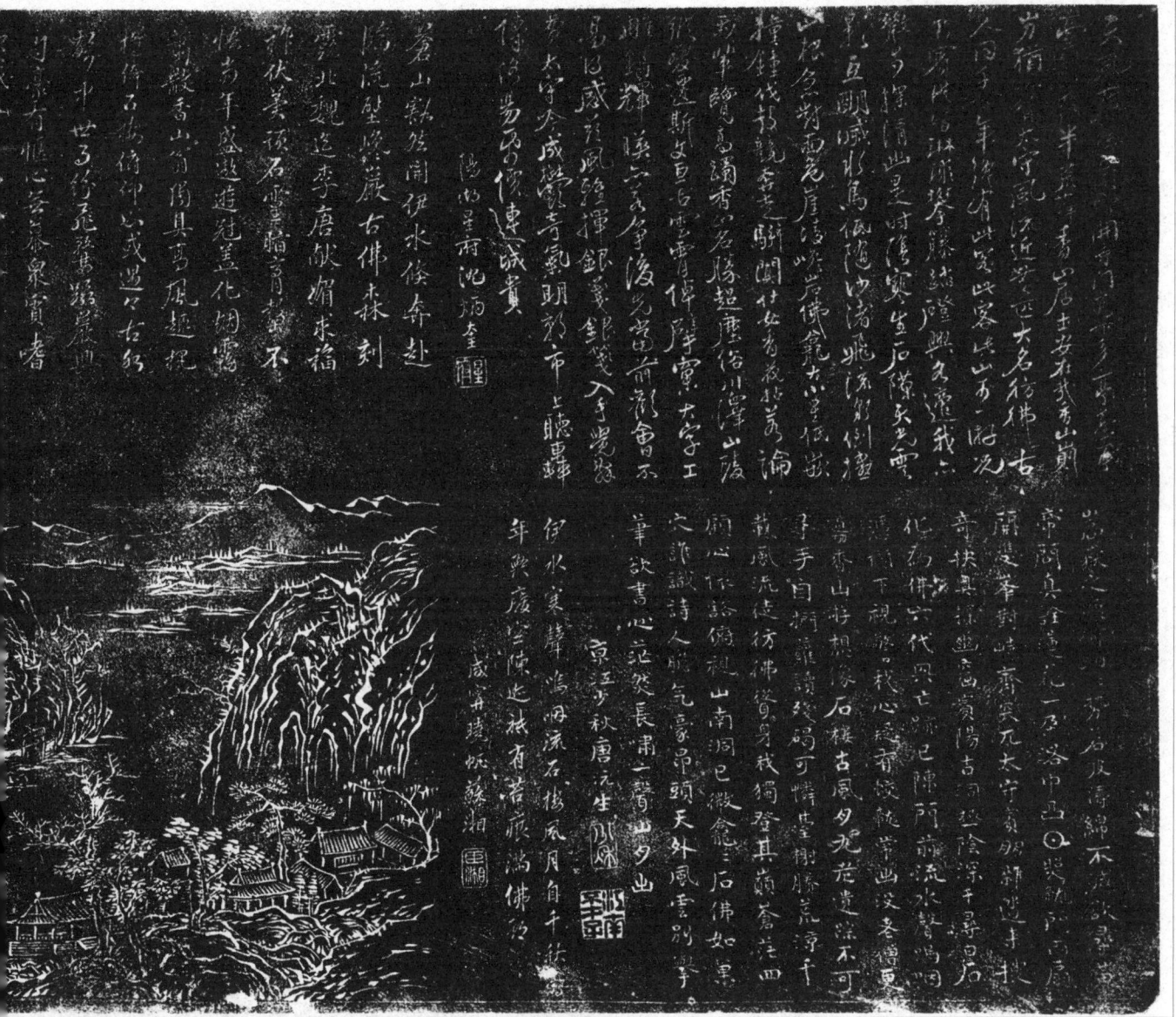

图4·龙门图

石窟开凿的年代

云冈石窟中，标明年代的刻铭只有三个。但龙门的石窟，大都刻有作者、开凿时间及来由，故可以准确掌握开凿年代。刻铭最古老的是古阳洞。此石窟造像铭中以太和十九年（495）为最古老者，但是也有太和七年（483）发愿，景明三年（502）造好的刻铭（这一点在后面第21窟里将详述）。此石窟是太和十八年（494）北魏迁都以前筹划，迁都后模仿旧都云冈石窟而大规模开凿的。

属于北魏时代的石窟：

第3窟（宾阳洞）

第13窟（俗称莲花洞）

第14窟

第15窟（北魏开凿，唐改造）

第17窟（俗称魏字洞）

第18窟（北魏开凿，唐改造）

第20窟（俗称药方洞）

第21窟（古阳洞）

属于隋代的石窟

第2窟（推定）

第4窟（推定）

属于唐代的石窟

第1窟（推定）

第5窟（敬善寺洞）

第6窟（摩崖三佛龛）

第7窟

第8窟

第9窟（俗称万佛洞）

第10窟（俗称跪狮洞）

第11窟

第12窟（俗称大洞）

第16窟（俗称破洞）

第19窟（大佛）

极南窟（借称）

龙门伊水东岸亦有数百石窟，但多遭破坏，少有著名石窟。其中略值关注的仅有南端的五窟，姑且称其为石窟寺洞。（图5）

现通观龙门西岸一带石窟，北区仅宾阳洞，属北魏时代，其他均在南区。从第13窟到第21窟连成一群，中间只夹杂了唐代的大露佛。想来，北魏时代先开凿了第21窟（古阳洞），逐次向北发展，到了唐代，进而主要在其北方开凿形成群窟。另外，高宗时代在北魏石窟群中营造了大露佛，且像是由北魏石窟改造而成。《魏书·释老志》曰：

景明初，世宗诏大长秋卿白整，准代京灵岩寺石窟，于洛南伊阙山，为高祖、文昭皇太后营石窟二所。初建之始，窟顶去地三百一十尺。至正始二年中，始出斩山二十三丈。至大长秋卿王质谓，斩山太高，费功难就。奏求下移就平。去地一百尺，南北一百四十尺。永平中，中尹刘腾奏，为世宗复造石窟一。凡为三所。从景明元年，至正光四年六月已。前用功八十万二千三百六十六。

文中提到，宣武帝（世宗）先为其父孝文皇帝（高祖）及其母文昭皇太后营造两座石窟，其后，又为宣武帝开凿一座石窟。而永平年间宣武帝尚在位，那么"永平"应该是孝明帝初年，即熙平之误。此石窟从宣

武帝景明元年（500）开始动工，到孝明帝正光四年（523），前后历经23年，动用80万人力开凿，其规模之雄伟壮观不难想象。上文中有两处难解的地方，"至"字和"前"字恐有误。书上虽如此记载，但据我们以往的调查，没有发现所谓的"宣武帝二窟"。文成帝已为太祖之后的五帝在云冈开凿了五座石窟。献文帝和孝文帝也各自为其父皇在云冈开凿了大弥勒佛洞和大佛洞。历代均继承此举，宣武帝也遵循此传统计划为父母营造石窟，且此时北魏国力正值鼎盛期，即使龙门的岩壁石质比云冈坚硬细致，也要开凿出美丽壮观的石窟。宣武帝的这一决心在《魏书》的记载中也可以得到证明。而现存的北魏石窟中，无一处如书中记载，仅宾阳洞略有相像。历来学者往往试图证明宾阳洞和其左右石窟（即第2洞、第3洞、第4洞）相同。但宾阳洞同其左右二洞在样式、手法上皆迥然不同。左右二洞如后所述，应认定为隋朝开凿，与此说不符。假定宾阳洞专为宣武帝开凿，也要在其他地方寻找到孝文帝、孝文皇后二窟。且其他北魏石窟在性质上皆无与之相当者。如此一来，应如何解决此问题？我认为如前所述，在第13窟和第21窟之间，有一群北魏石窟。而此地作为唐代大佛所在地，令人费解。估计这里岩石质量最好，最适合开凿优质大石窟。至少孝文帝和孝文皇后的两座石窟会在此开凿。而唐高宗时代，在开凿卢舍那佛大像之际，在他处没有发现岩质良好的岩层，不得已才牺牲此处去实施大计划。《魏书》所述"去地一百尺、南北一百四十尺的地方"，应该就是此地。且笔者的调查会有遗漏的石窟，因为有很多难以到达的悬崖峭壁。古阳洞南上方的俗称火烧洞的石窟就是其中之一。对此，不做细致调查难以下结论。（关野贞 文）

图5·龙门·东山·香山寺附近远景

造像样式

云冈的崖壁由水平的砂岩层形成，适合开凿大型石窟，而龙门的岩腹由坚硬的大理石构成，岩层有30度的倾斜，难以开凿大型石窟。因此，同云冈相比，石窟规模较小也在所难免。而且，云冈的窟顶呈水平，可开凿藻井，而龙门一般呈穹状，中央雕刻莲花饰，周围是飞天、云纹。云冈的岩质不够坚硬，易于开凿却也易受自然风化破坏，表面磨损毁坏严重。龙门则因岩质致密，可细腻雕刻且不易受自然侵蚀风化，雕饰依然鲜明。可惜的是，民国二年（1913），无知的土民养成了砍掉佛菩萨的头部卖给外国人的恶习。几千佛头被偷走，只有潜溪寺境内遭此难较小，可谓侥幸。

我们看了北魏和唐朝的雕刻，为其样式变化之大感到惊讶。东魏、北齐及隋朝的手法皆延续了北魏的样式。雕刻的样式在隋唐之间经历了巨大转变。发生如此变化是基于什么样的原因呢？我认为，在唐代初期，领土扩张到西域，越过葱岭直逼波斯（译者注：波斯即伊朗），收西藏为附庸后直通中印度。海路方面同斯里兰卡、印度的往来也十分频繁。再加上玄奘、义净等高僧的往返，王玄策等使臣的派遣，彼此的关系亲密。在中印度，笈多朝、戒日王朝文化发达，所谓"笈多式艺术"的大量传入。从南北朝开始，经过隋朝传入的艺术模式的锤炼而形成，对唐朝石窟有着很大的影响力，而且大量输入了波斯萨桑朝末期的艺术，再加上汉族勃兴的气运，将外来文化消化、融通，后形成了新的血肉，发挥了固有的特质，迎来了光彩熠熠的初唐雕刻的黄金时代。从北魏到东魏、北齐、隋朝及唐朝，产生了划时代的大变化，其推移变迁，通过龙门各个时代的石窟可以看到。中国内地到处都有石窟，但跨越了各个时代，且丰富保存了最为优秀的代表作品的，唯有龙门石窟群。（关野贞 文）

第1窟

第1窟位于龙门西山的北端，潜溪寺的北门外，朝东。此窟南北长31尺1寸，东西宽22尺，呈平面长方形。四角稍圆，南北壁略呈弓状。本尊释迦如来，跌坐在台座之上，左右有阿难、迦叶两罗汉侍立。南北墙有胁侍菩萨的立像，皆在莲花座之上。前方为脚踩鬼怪的二大天王之立像。

本尊面相庄严，躯体高大。衣纹手法劲健，仍有隋式余影。后面造有背光。颜色为后人所涂，今已大半脱落。两菩萨也气宇轩昂，样式与本尊相同，璎珞天衣的形状也明显有隋朝余影。两罗汉、两天王亦高雅雄豪。洞高35尺，中间刻有莲花，多有破损。

此石窟面积大，与之相应，佛像、菩萨像及其他雕刻皆规模宏大，是最能体现初唐伟丽气象的石窟。毫无疑问，此窟乃魏王泰为文德皇后在贞观年间营造。与其他石窟不同，此窟四壁看不到任何佛像雕饰。估计当初彩绘了佛像图案，虽富丽至极，到后世却全部剥落。请参照后面的伊阙佛龛铭。（图6、图7）（关野贞 文）

龙门西山石窟平面图·第1窟

图6-2·龙门·第1窟·左胁侍菩萨

图 6-1・龙门・第一窟・本尊

图7-1·龙门·第一窟·右胁侍菩萨

图 7-2 · 龙门 · 第 1 窟 · 本尊

第2窟

此窟邻接宾阳洞（第3窟）的北面，朝东。南北26尺，东西32尺3寸，为后期开凿本尊及左右罗汉、两菩萨，洞窟开凿面积偏大且呈圆形。本尊跌坐在方台上，高约20尺，左手举至胸部，手心向外，手指向下，无名指和小指弯曲。体躯雄伟，相貌雄丽。船形背光里，刻有莲花、花草及火炎图样。从样式推断应为隋朝雕刻。左右罗汉高18尺，胁侍菩萨高20尺，亦具有隋朝特征。（图9-1、图9-2）

天井呈穹形，中央在圈内刻有莲花，周围飞天环绕，外缘有绣帐图案。四壁还刻有大小佛龛及塔婆形状，皆为隋唐时代的作品。其中有造像铭者极少。

北壁有贞观二十二年（648）洛州河南县思顺坊老幼等造的"弥勒像之碑"。其下偏东处有一个稍大的佛龛，里面有弥勒倚像、两罗汉、两菩萨、两金刚力士的雕像，清晰体现了初唐样式。（图10）

第2窟外壁南面有北齐的造像。佛龛内释迦坐在方座之上，衣袖前垂，形成古拙褶襞。本尊、胁侍均形态朴实，技工简素，并非北齐的上乘之作。其右有石碑，刻有造像铭。螭首扁平且略带稚气。佛龛下方刻有香炉及两个狮子。除了一个狮子，大多已遭破坏。（图8-1、图8-2）（关野贞 文）

龙门西山石窟平面图·第2窟

图9-1·龙门·第2窟·右胁侍菩萨及罗汉

图 9-2 · 龙门 · 第 2 窟 · 本尊

图一〇·龙门·第2窟·东壁

图 8-1 · 龙门 · 第 2 窟 · 外壁造像

晚清民国时期中国名胜古迹图集 · 第贰卷 · 河南龙门

图 8-2 · 龙门 · 第 2 窟 · 外壁造像

第3窟 | 宾阳洞

虽然可确定宾阳洞为北魏时期开凿的石窟，但窟内没有一个造像铭，无法断定造像年代及来由。除了高宗时期的奉先寺大佛像外，龙门几千佛龛中，宾阳洞的佛龛规模最为雄大，雕饰最为壮丽，明显是遵照皇帝旨意开掘的。永平年间（508—512），中尹刘滕上奏，要为世宗开掘石窟，或许就是此窟。窟内南北36尺6寸，东西33尺5寸。后壁刻有本尊、两罗汉、两菩萨。左右壁各刻有三尊佛。后壁中央本尊释迦如来趺坐在方座之上，衣袖垂前。坐姿均衡适宜，面部稍长，眼呈月牙状，眉昂鼻大而短，口唇上翘，含微笑。耳平无孔，乌瑟高高，头发有波纹。衣纹遒劲，衣端褶皱颇为优雅美丽。背光大致体呈珪形，装饰有忍冬纹、莲花、供养天、火炎等，呈现出最为雄丽的气象。（图15）

本尊两旁有两罗汉立像。罗汉左右有胁侍菩萨立像。莲座上罩有小宝珠形的背光。面相及衣纹的图样同本尊一样。宝冠及璎珞的雕饰极为富丽。

南北两壁有两三尊佛，面相、衣纹、背光的样式与中尊胁侍的雕像相似，但衣端褶皱的曲线和本尊相比更加锐劲。（图16、图17）

窟口前面入口左右腰壁上，人物及鸟头人身、象头人身的雕像并排，上面壁面分为三层，下层为皇帝和皇后率领侍从进香图的薄肉雕。雕刻逼真、栩栩如生，体现出典丽高雅的风格。中层为本生谈，其一为舍身因缘，其二似从海里得到摩尼珠的场面。（图13、图14）

上层左右分别刻有维摩、文殊图。三面诸佛、诸菩萨的背光之间，刻有诸天的千百个神、罗汉供奉的雕像。天井大致呈椭圆形，中心刻有大莲花。莲花周围配有飞天、云纹，周边垂帐图案，画面极为富丽。（图12）

地面上到处刻有大莲花图案。莲花图案之间有波纹，边缘莲花纹环绕。本尊的台座下，左右放有石狮一对。虽破损严重，依然能看出其壮丽。

石窟前面，左右外壁上刻有仁王像浮雕。刻法遒劲，气象雄丽。北侧刻有大业十二年（616）四月十五日的观音造像铭。（图11）（关野贞 文）

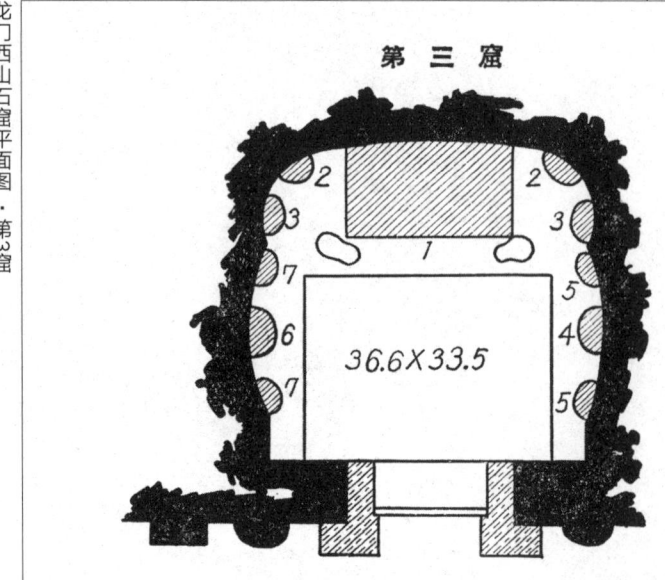

龙门西山石窟平面图·第3窟

图 15・龙门・第 3 窟・本尊

图16·龙门·第3窟·右方三尊佛

图 17 · 龙门 · 第 3 层 · 左方三尊佛

图13-1·龙门·第3窟·东壁三尊及壁刻

图 13-2 · 龙门 · 第 3 窟 · 东壁三尊及壁刻

图 14 · 龙门 · 第 3 窟 · 东壁雕刻一部分

图12·龙门·第3窟·内部天井

图11·龙门·第3窟·外部仁王部分

第4窟

此窟南邻第3窟（宾阳洞），面朝东。南北31尺，东西30尺，大致呈方形，后壁呈扁圆形。本尊释迦如来的坐像在方座之上，衣服下摆盖住前方。右手伸开至胸部，左手掌朝外，中指、无名指、小指弯曲。姿势端正，面部稍长，体现出北魏特色。嘴唇并未上翘，下巴宽，颈部做了两条线纹。这与宾阳洞的佛像大不相同。背光虽与宾阳洞的相似，但匠意拙劣，再加上近世补上的色彩，严重破坏了美观（图18）。左右的两罗汉、两菩萨也是从北魏传下来的雕法，但样式稍有不同（图19）。总之，这三尊罗汉像，略带北魏风格，却无法追溯到北魏，更没有唐代时兴的新样式的痕迹，可能是隋朝开凿。窟内北壁的小佛龛上，刻有大业十三年（617）梁口仁的造像铭。由此可知这是在隋朝之前雕刻而成的。

窟的南北壁及前面入口处的左右岩壁上，刻有大小不一的佛龛（图21-1）。多数是初唐作品。天井基本呈圆形穹窿状，高约30尺。中央是莲花，莲花周围阳刻有飞天。飞天的周边布有垂帐雕饰。此窟在大正七年（1918），作者关野贞第二次调查时，变成了兵舍的厨房。里面建起炉灶，因早晚做饭布满了烟尘，天井也因此变成黝黑色。佛像、菩萨像、大大小小的佛龛都堆满尘埃，极大毁坏了美观。（关野贞 文）

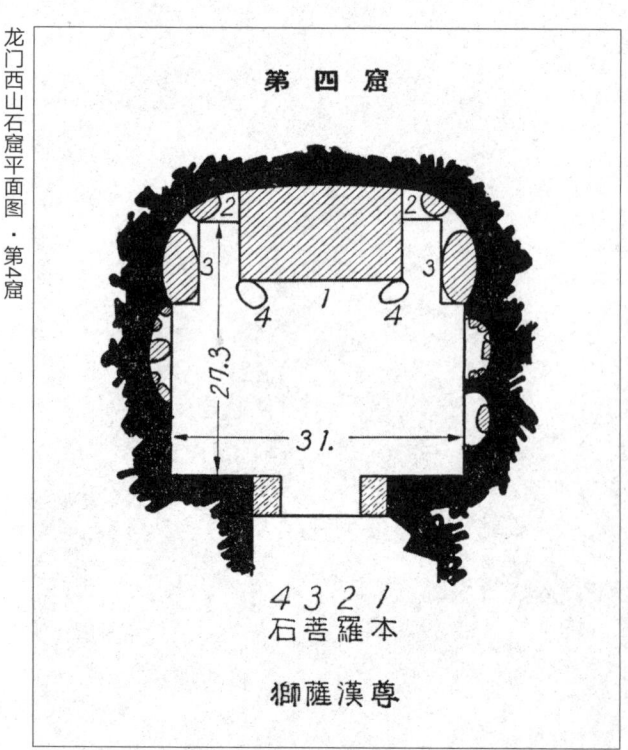

龙门西山石窟平面图·第4窟

图 18 · 龙门 · 第 4 窟 · 本尊

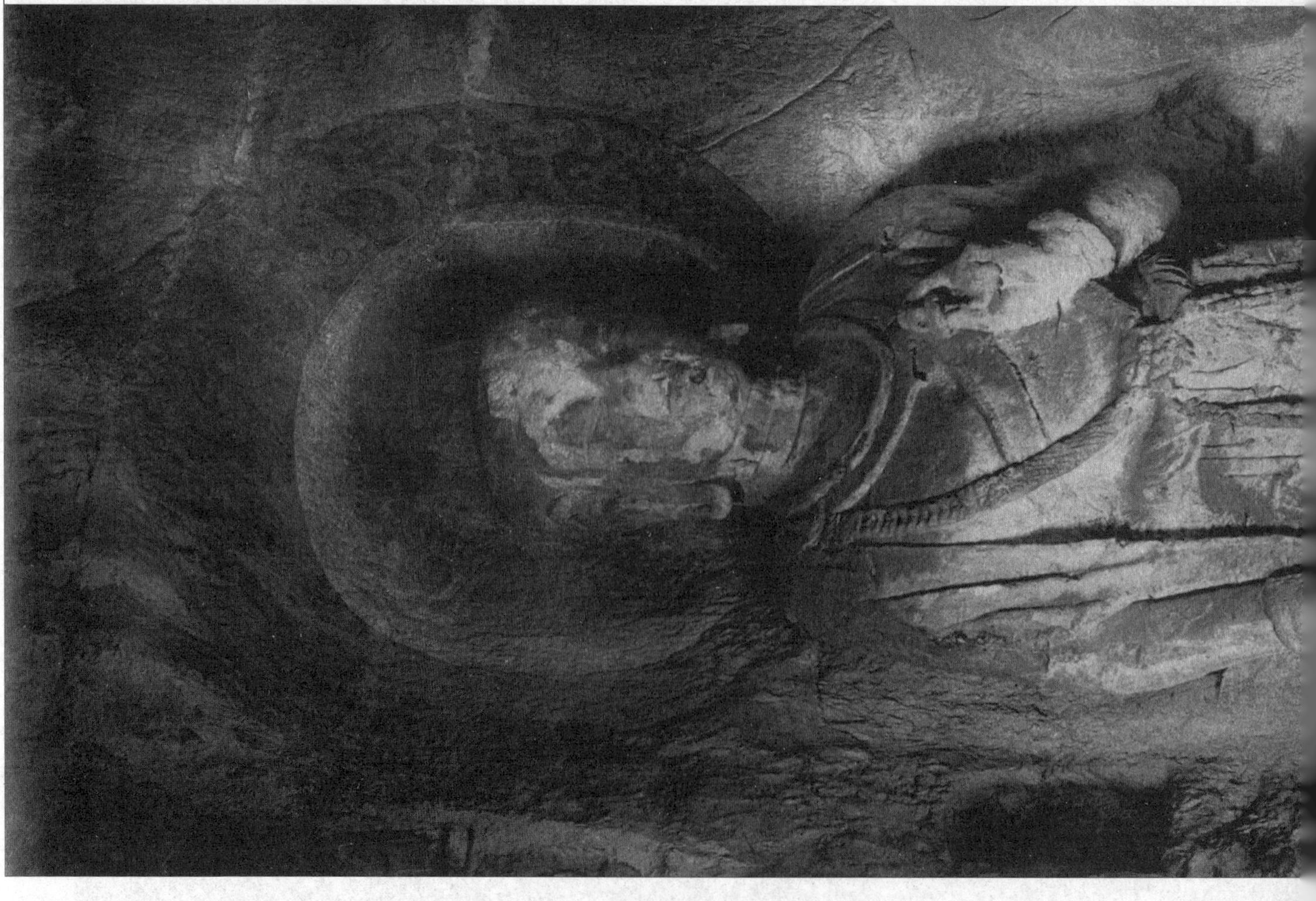

图 19-2·龙门·第 4 窟·左胁侍菩萨

图 19-1·龙门·第 4 窟·右胁侍菩萨

图 21-1-1 龙・Ⅰ・第 4 层・南壁

伊阙佛龛碑

位于第3窟和第4窟之间的外壁处,为唐代所刻。如今由于前后剥落,人名、日期等相关文字已消失。在欧阳修的《集古录》里有"岑文本撰,褚遂良书"的记载。从书体上判断,此说可信。末行本应有"十五年岁次辛丑十一月"的文字。毋庸置疑指贞观十五年(641)。碑文记载,魏王李泰为表孝心,为其母太宗文德皇后长孙氏建造雕像。碑文盛赞佛教的博大精深,"八儒三墨之所称,其人填口陇矣。柱史圆吏之所述,其口尤糠秕矣"。赞颂信仰佛教的文德皇后,坤德甚高,"加以宿殖远因,早成妙果。降神渭涘,明四谛以契无生。应迹昭阳,驰三车以济

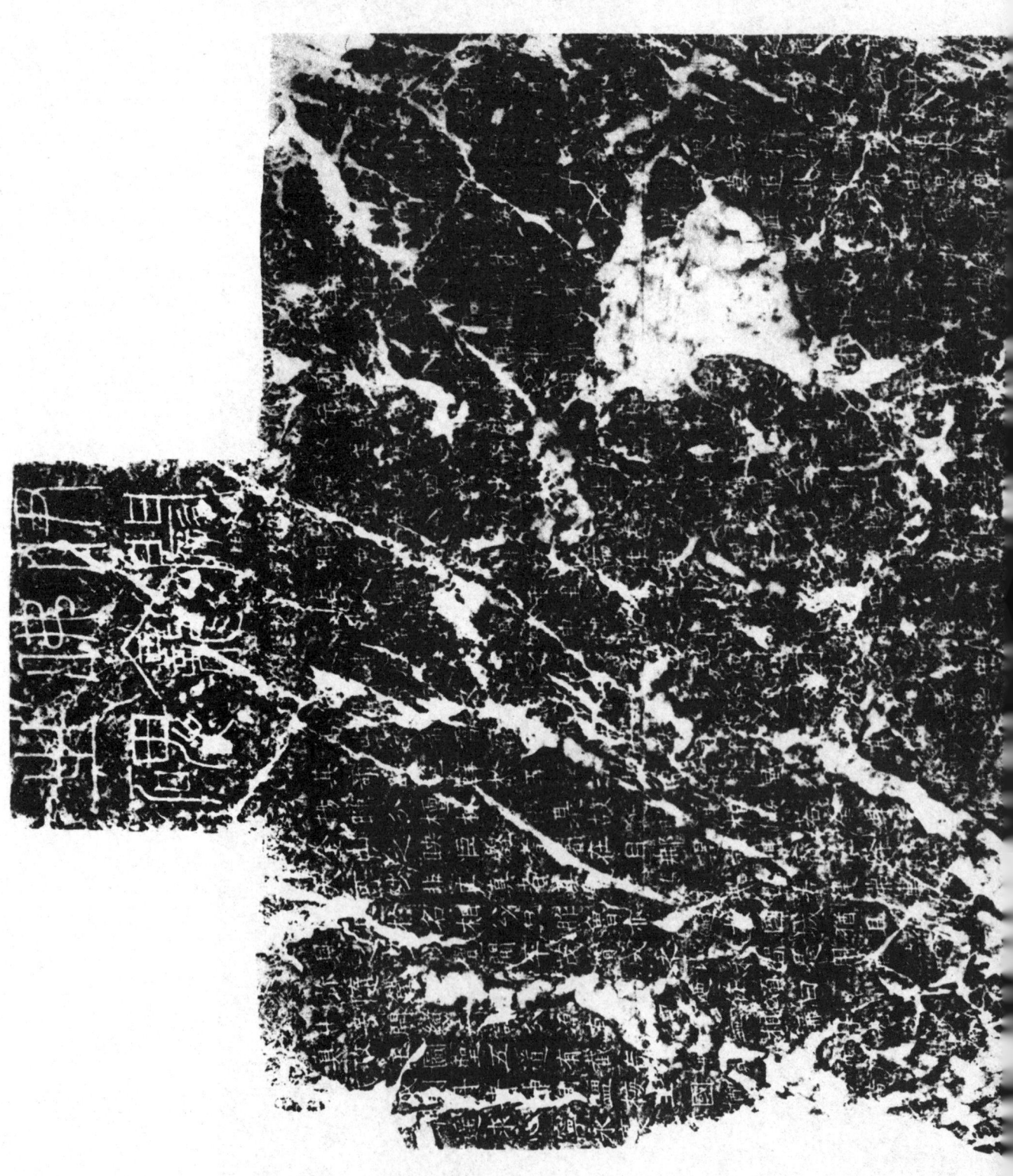

有结"。将其比作现世活菩萨。还盛赞其优于末利、胜鬘二夫人,"谅以高视四禅,俯轻末利。深入八藏、顾囗胜鬘"。魏王李泰把对母后的思慕敬仰,倾注到开窟造像的大业上。造像有修旧和新造两种,"王乃罄心而宏喜舍,开藏而散龟贝。楚般竭其思,宋墨骋其奇。疏绝壁于玉绳之表,而灵龛星列。雕囗石于金波之外,而尊容月举。或仍旧而增严,或维新而极妙"。撰写者岑文本称赞魏王李泰的孝心,"善建佛事。以报鞠囗之慈。广修福囗。以囗囗提之业。非纯孝者,其孰能与于此也"。这也许是魏王建造的第一处石窟。

(图20)(常盘大定 文)

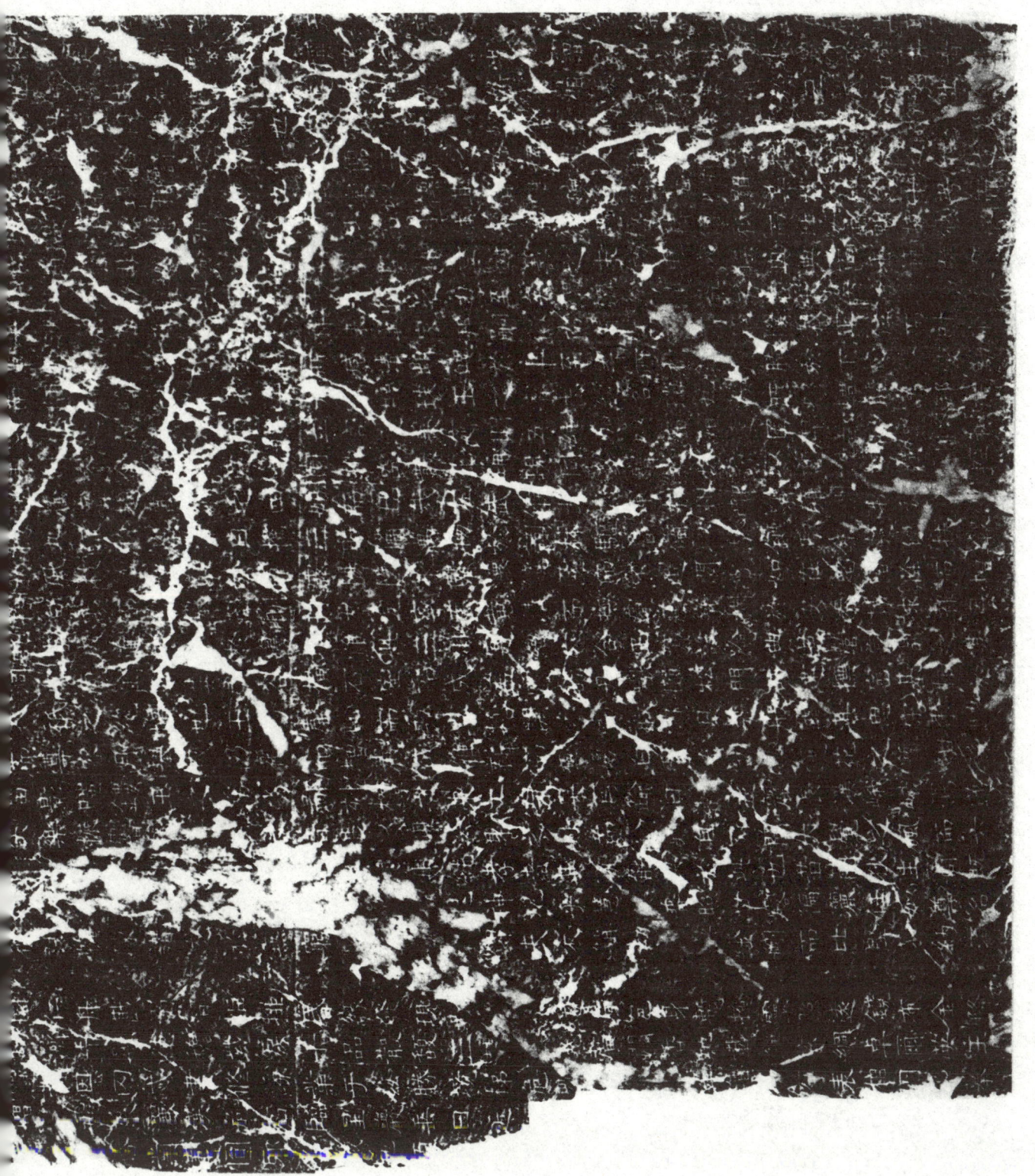

图 20·龙·囗·伊阙佛龛之碑·拓本

第5窟 | 敬善寺洞

此洞位于潜溪寺南侧高地，朝东。洞宽 11 尺 3 寸 5 分，深 10 尺 5 寸，后壁中央处方座上安置着本尊坐像。左右壁刻有两罗汉、两菩萨、二飞天。空隙处刻有大量菩萨、飞天像。前壁入口处有很多小佛龛。本尊姿势端正，面相丰圆，呈现出温和端庄之仪态，表现了初唐圆熟的雕刻技巧。只可惜，近年左右两罗汉、两菩萨及大部分天人的头像被盗，现在仅存残缺不全的肢体。所幸本尊及两天王仍保存完好。两天王属薄肉刻，脚踩两鬼，颇有豪爽风范。天井呈穹隆状，中央刻有莲花，四周配有飞天。入口前的左右外壁，雕有仁王像。但因近年被涂墨受污，面部损伤严重。

前面左侧斜上方的壁面上，刻有李孝伦撰写的"敬善寺石像铭"。据此可知，此石窟由唐太宗的妃子纪国太妃韦氏出资开凿。开凿年月虽未标明，但在敬善寺的西南处刻有显庆三年（658）杨真藏刻的弥陀三尊造像铭，显然此洞为显庆三年（658）之前所刻。

由于雨水从此石窟上部的缝隙里浸入，岩石如钟乳般变质流失，故本尊的服饰、右胁侍及右壁的一部分受损，十分可惜。（图22、图23-1）（关野贞 文）

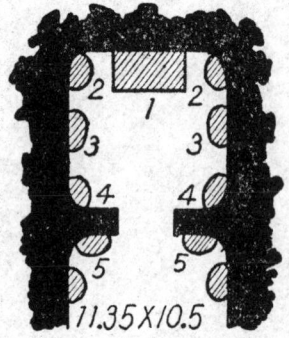

龙门西山石窟平面图·第5窟

图 22-2 · 龙门 · 第 5 窟 · 本尊

图 22-1·龙门·第 5 窟·持国天

敬善寺石像銘并序

宣德郎守記室參軍事李孝倫撰

若夫銀杖疏靈、金園劍雨、銅暈飛惠、流於□□□□、山蘊迤甄□□□□□□、民於京地之世、輝於月逗仙河、□神梗□□姿、綺□利瑞瑩□□華桐掩蘭□□□□秀□□絹美嶺□而思惕、紀國太妃趙氏濯□浪真□□□□像於貞金□□□業彰三□流天□勝□昭□□牽□晱□□□□雖可照質□誠者□□巳雪彩□真茂□□加結□□其石跡宏規□均霜表地□之功終期於苾園之□□□□□□□□□、其铭曰

□□□石諒終□□□□□□□□芳城其□□□□□□□□□□□□情气委岳□□□□□嚴淨境開金□□

靈已散一體未融雪□□□植滋斯在□□浦澄流祥山關□□識戰勝終倫□□□
亮堂大道轉奧湖爲物象其值□瑞□□留尋龍童隨風□□檀惟德鐙

□□中論微秋晚開繁暨露□□琛南控驚川北林中春路萬室□□□□
山薇匠秋瞻香煙同階此用懸隨□□
四依轍光撫國共樟拯

第6窟 ｜ 摩崖三佛龛

在敬善寺洞的南侧偏上方，开凿了岩壁。宽54尺4寸，后壁中央为本尊倚像，左右为胁佛坐像。本尊左右刻有两菩萨、后壁两端刻有金刚力士，但雕刻工程并未完工，就遭到停工的厄运。中尊高约14尺，已基本完工。面相温雅，透过薄衣，可见体格，但衣饰尚未雕琢完毕。两胁侍菩萨像中，左胁仅头部成形，其他部分较为粗糙。右胁身体部分仅为半成品，头部已被盗。左右菩萨接近完工，两端的金刚力士稍显轮廓。另外，在北方的岩壁上，还有两个佛龛，其上又有佛龛。

这些佛像的开凿年代不详，应为初唐作品。由于某种原因，工程被迫中止。（图23-2）（关野贞 文）

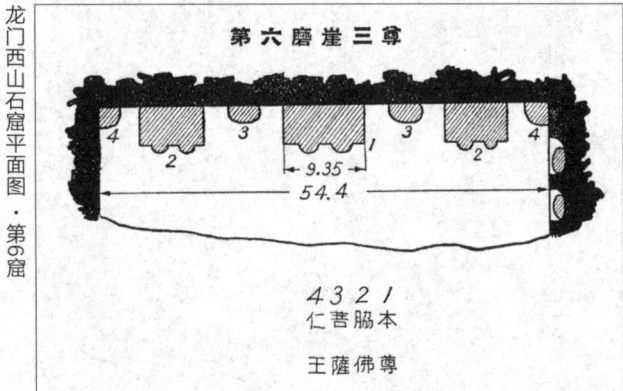

龙门西山石窟平面图·第6窟

第7窟

第六摩崖三佛向南数百米，在渡场附近为第7窟。洞宽11尺4寸5分，深13尺9寸5分，后壁有本尊释迦如来坐像，左右是罗汉像，左右壁从后向前，刻有两菩萨、两立佛、两菩萨、两天王像（右边缺少），都是初唐作品。这些雕像的间隙处刻有大量小佛龛，但没有年号铭。天井呈穹隆状，中央刻有莲花，莲花周围刻有飞天，与敬善寺洞相似。洞窟前面左右有金刚力士像，南方金刚力士像的旁边刻有"垂拱三年四月"的造像铭。在此窟建成之前已存在。

此窟近年内部建造炉灶，四壁天井均被熏黑。佛像头部多处被拙劣修补，价值受损。（关野贞 文）

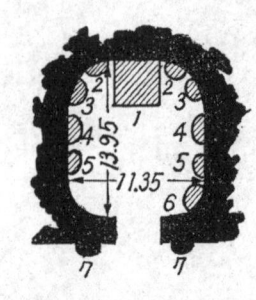

龙门西山石窟平面图·第7窟

图 23-2・龙门・第 6 窟・摩崖三尊佛

第8窟

　　细长形石窟，宽 6 尺 2 寸 5 分，深 14 尺 1 寸，后壁中央刻有本尊倚像。左右有两罗汉、两菩萨侍立（右胁侍菩萨丢失）。左右两壁刻有千体佛，造有枥（译者注：枥，梳子）形天井，没有任何雕饰。此窟里的诸像，或是近年新涂了颜色，或是添加了粗糙的头部，严重损坏了美观。开凿年代不详，但明显是初唐作品。入口南侧刻有天授二年（691）的造像铭。可知此窟是在此之前开凿。窟前左右壁上刻有金刚力士像，现在左壁的金刚力士像已不存在。

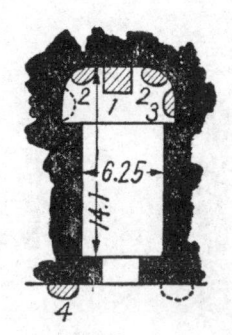

龙门西山石窟平面图・第8窟

第9窟 | 万佛洞

此窟前室19尺5分，后室19尺2寸5分，深22尺，约呈方形。后室中央八角形座上，有本尊释迦的坐像。左右刻有两罗汉，两个墙角刻有两菩萨像，在后壁雕像背光的空隙处雕刻有大量菩萨像，左右壁刻有千体佛。本尊高约九尺，头部过大，但温容可掬。台座呈八角形，台座腰部刻有四天王，四天王捧着台座。两罗汉和两菩萨幸而免遭破坏，但近年用墨补描眉目口唇，极为丑陋，令人惋惜。后壁雕刻有托着五十四尊菩萨的莲花，莲花枝干互相缠绕，手法高超，值得一观。近年来，菩萨头部完整者多遭破坏，其中有三十尊菩萨的头部已被破坏，剩下的菩萨也都残缺不全。（图25）

左右岩壁的中央方龛内，刻有倚佛像。除此以外均为无数的小佛像。各壁脚阳刻有六个飞天像。（图26-2）另外，前面入口的左右刻有两天王像，但此像躯干过低，平衡不佳。入口的侧壁左边有小佛龛，刻有"垂拱二年""乾祐三年"等像铭。右面刻有千体佛，左边是刻铭。（图26-1）

沙门智运，奉为天皇天后太子诸王，敬造一万五千尊像一龛

天井平坦，中央刻有大莲花，周围有用薄肉雕法雕成的天人。此莲花的周围，有以下刻铭。

大唐永隆元年十一月三十日成。大临姚神表内道场运禅师，一万五千尊像龛。

据此可知，此石窟是永隆元年（680）由沙门智运禅师所造。窟外左右有金刚力士像，但雕像过低。另外，前面左右下方刻有两尊石狮。其他壁面造有大量佛龛。左边有垂拱，右边有永隆二年（681）的刻像铭。狮子造型雄伟，是当时之佳作。此窟内还有"大

图26-1·龙门·第9窟·沙门智运造像铭·拓本

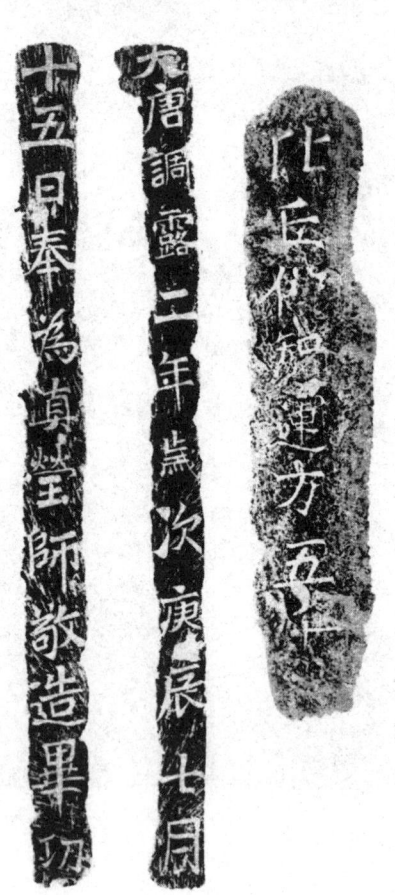

唐调露二年岁次庚申七月十五日，奉为真萤师，敬造毕功"的刻铭，是智运禅师造像之前的作品。（图24）

第9窟下面有一个小石窟。最宽处有8尺3寸，深6尺8寸5分。刻有本尊、两罗汉、两菩萨，背光的间隙处刻有两千佛像。左右两壁刻有大大小小的佛龛，这些皆为初唐作品，但头部尽失。近年拙劣的修补愈加损害了其价值。外壁南边刻有天授二年（691）的造像铭。（关野贞 文）

图 25 · 龙门 · 第 9 窟 · 内部

图 26-2 · 龙门 · 第 9 窟 · 一万五千佛

图 24 · 龙门 · 第 9 窟 · 外部南方 · 子狮

第10窟 ｜ 塔洞

此窟为小石窟，宽7尺8寸5分，深5尺9寸。平面呈长方形。紧临后壁的方座上有本尊像，衣服前垂。石窟的左右角落，有两胁侍、两菩萨像。左右岩壁上刻有石狮。佛菩萨皆有宝珠形的背光。四壁和入口左右侧壁刻有大量小佛龛。还有"如意元年""垂拱三年""上元二年""上元三年""仪凤三年"等造像铭。天井为扁圆形的穹隆状，中央有莲花。三尊佛虽为佳作，却失去了头部，近年因拙劣的修补，极其丑陋，令人生厌。其他的小佛龛、小佛像头部也尽遭毁坏，十分可惜。唯有两尊石狮幸免于难，雄浑之风，堪称佳作。

窟外南壁造有五层塔。高约7尺8寸，初层有如下刻铭。

佛弟子李保妻杨，敬造浮图一所，并阿弥陀像一铺。上为皇帝。七代师僧、父母，及先亡见存，遍及法界众生。同遵斯福。

虽缺年代铭，但可断定为初唐作品无疑。四层的塔檐上有"元丰七年八月"等文字。属后人追刻。（图21-2）（关野贞 文）

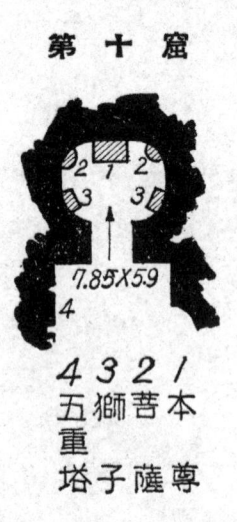

第11窟

此窟前半部已崩塌，仅存后半部。宽12尺5寸，现今深9尺8寸。后壁有本尊倚像，颇具雄风。背后刻有中印度系的屐（译者注：扆，屏风），右边刻有一罗汉，左边似乎原本就无罗汉，如今此处造有小佛龛及小佛像。左右壁的后方刻有两尊胁侍菩萨像，面相姿势极为优美。其前方虽各有一个背光，但缺少佛像。壁面仍是刻有小佛龛，南壁东端有咸亨四年（673）的刻铭，据此可判定此窟的年代。

大唐咸亨四年十一月七日，西口京口寺法僧惠简，奉为皇帝皇后太子周王，敬造弥勒像一龛

二菩萨神王等，并德（得）成就。伏愿皇帝圣花（化）无穷，殿下诸王，福延万伐（代）。（关野贞 文）

第12窟 ｜ 大洞

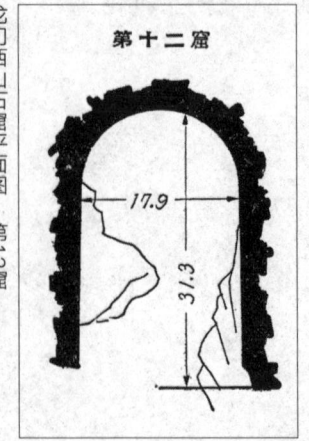

此窟前部遭到破坏，下部好像尚未完工即被中止，残存岩壁也似乎未经雕琢。石窟宽17尺9寸，深31尺3寸，天井高约28尺，呈穹形。石窟中心无任何雕饰，周壁刻有大小不一的佛龛和千体佛。佛像中大的高10尺，小的只有二三寸。均为唐代作品，但少有杰作。小佛头部大多缺失，后壁刻有"天授二年"，北壁刻有显庆元年（656）的造像铭。（关野贞 文）

图 21-2・龙门・第 10 窟・五重塔

第13窟 | 莲花洞

此石窟是北魏所造石窟中最重要的石窟之一。窟宽20尺2寸，深30尺9寸。入口处上端呈尖拱形，拱轮面中央刻有兽面，兽面左右雕有火炎。入口的南侧壁上，除了北魏佛龛之外，还有大量初唐佛龛，其中有"先天二年"的刻铭。外壁刻有金刚力士像，但入口北侧壁遭到破坏，金刚力士像已不复存在。

窟内后方呈平面半圆形，中央有本尊释迦的立像，左右有两罗汉及两菩萨像，皆为北魏时代的杰作。本尊面部较长，相好端丽，姿势端正，衣纹的褶襞流畅，且极为遒劲。后面为硕大的舟形背光，刻有莲花及火炎，精美壮观。（图27、图28）左右阿难、迦叶像蕴藏浑朴精神，两胁侍菩萨像尽显雄劲技功，且都有富丽的宝珠形背光。（图29、图30）这些佛像之间刻有大小不一的佛龛及千体佛。南壁雕有三层大佛龛。雕饰华丽俊美。大佛龛之间刻有大量小佛龛（图31、图32、图33）。北壁有大量小佛龛、天井浮雕有一朵大莲花，三面有六个飞天，仅前面处于未完工状态，也没有任何装饰。（图34-1）

佛龛中大多没有雕刻年号铭，南壁有"永熙二年""武平八年""正光六年""天保八年""长安口年"的刻铭，北壁有"孝昌三年""建义元年"等刻铭，说明此窟为北魏开凿，但在北齐、初唐时期进行了追刻。特别是北魏的雕刻手法精湛，呈现出最为豪健壮美之气。只可惜近年这些大小佛像的头部多被偷盗，加上无知拓字者的墨迹玷污了佛像的慈颜，严重破坏了美感。（关野贞 文）

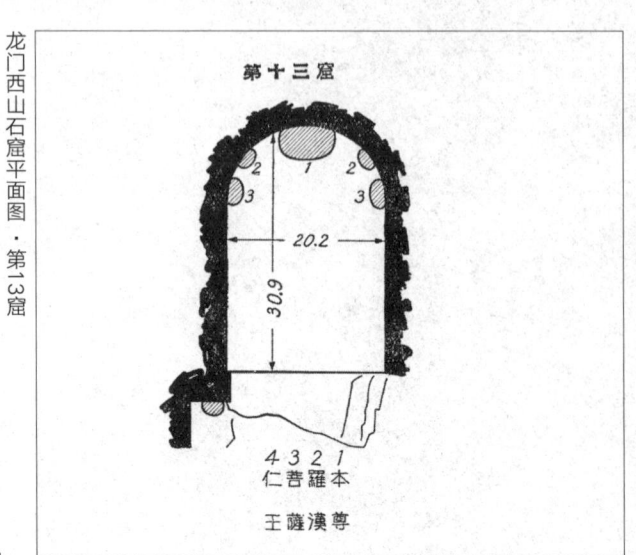

龙门西山石窟平面图·第13窟

图 27 · 龙门 · 第 13 窟 · 内部

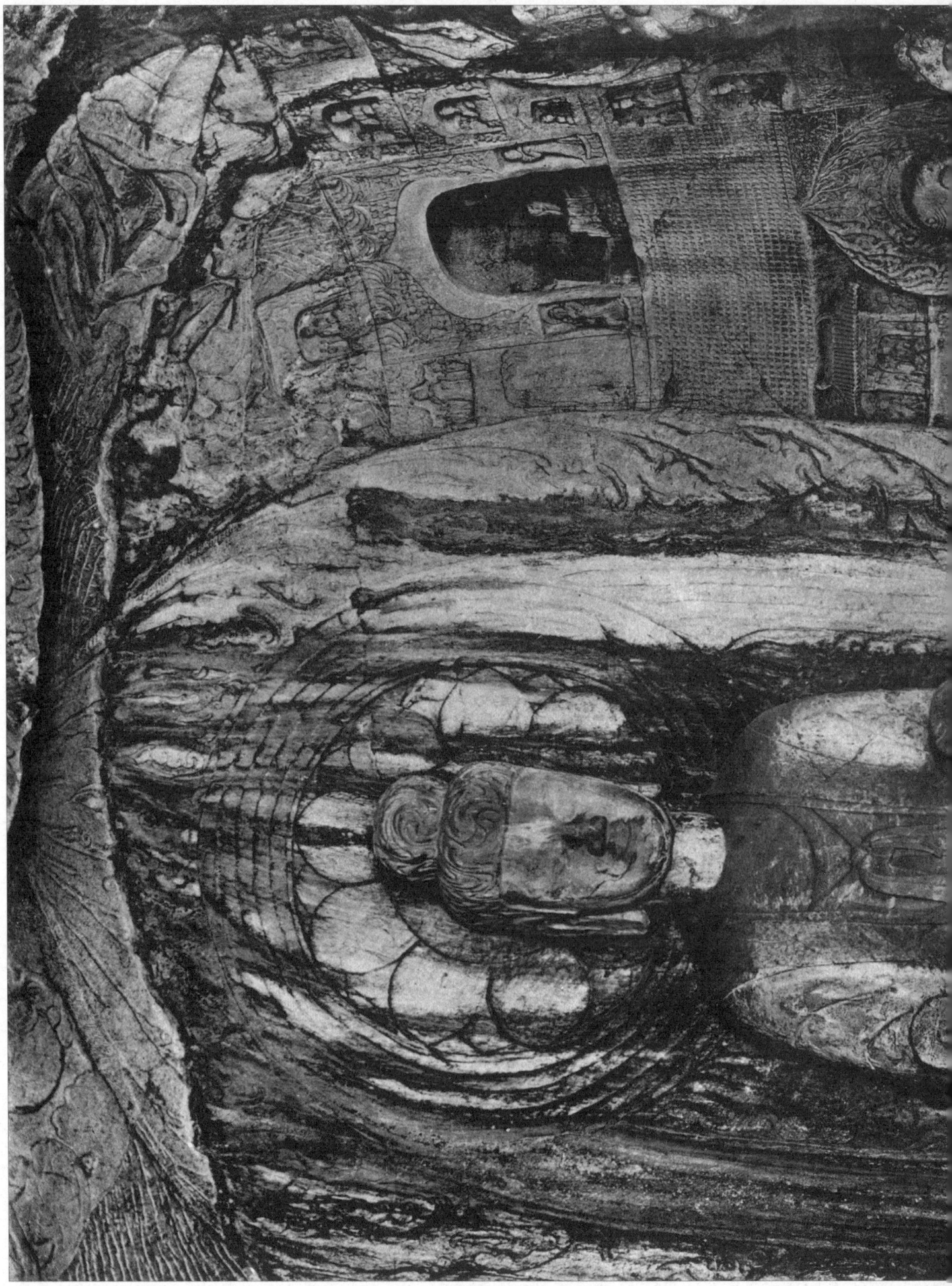

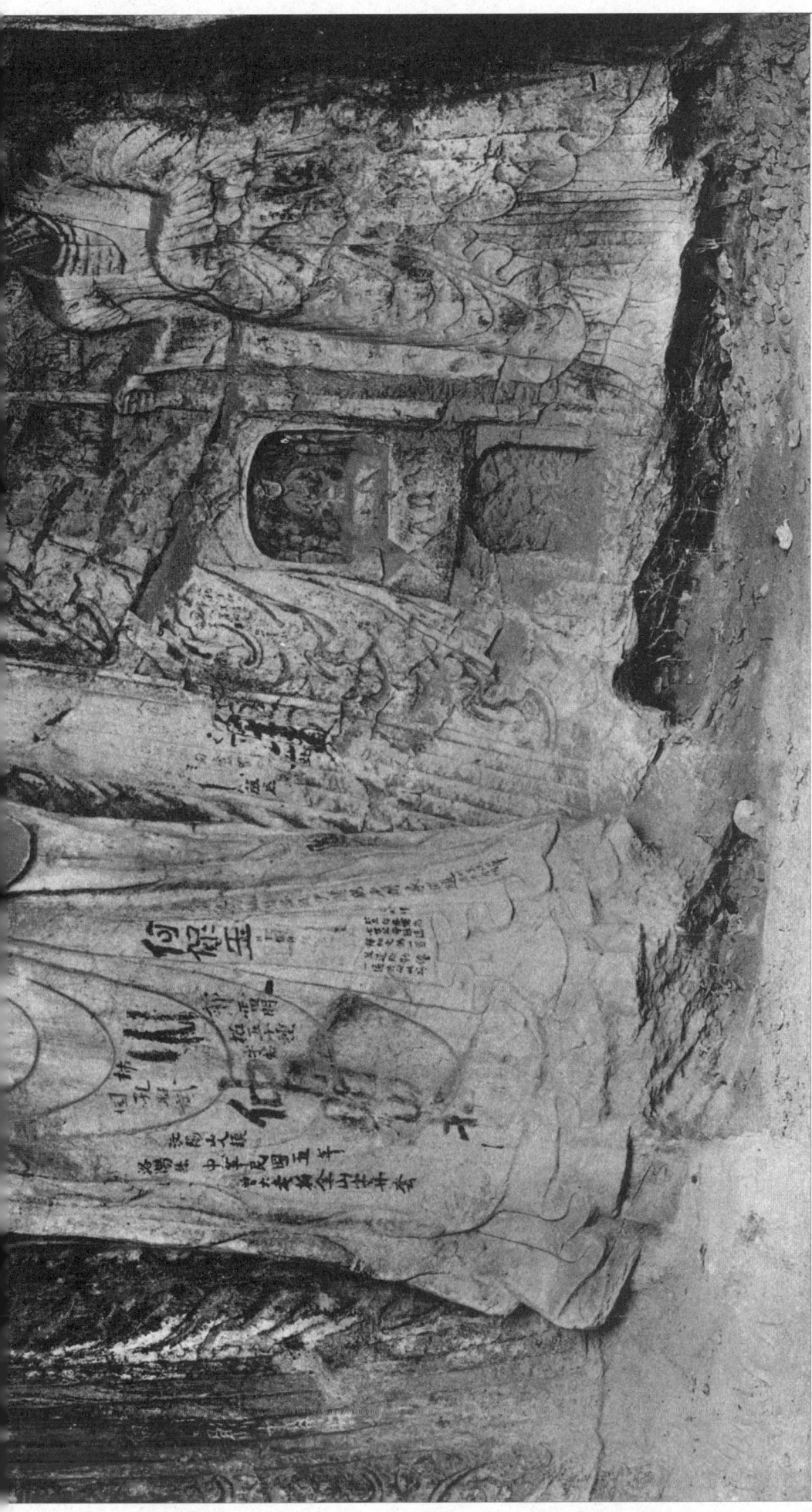

图 28 · 龙门 · 第 13 窟 · 本尊

图 29 · 龙门 · 第 13 窟 · 左壁罗汉

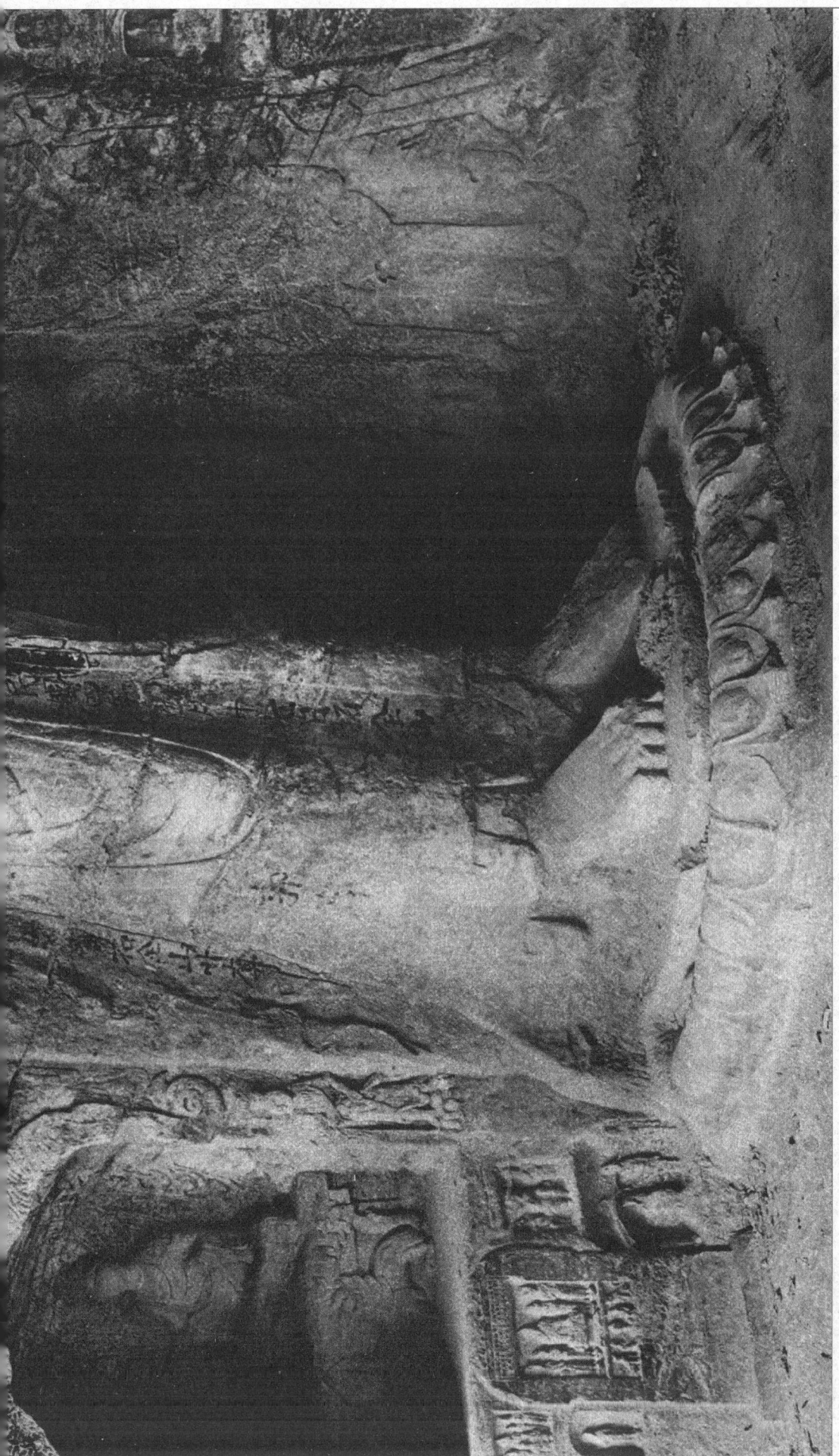

图30·龙门·第13窟·右胁侍菩萨及罗汉

图 31 · 龙门 · 第 13 窟 · 南壁一部分

图 32 · 龙门 · 第 13 窟 · 南壁佛龛

图33-1·龙门·第13窟·南壁细部

图 33-2 · 龙门 · 第 13 窟 · 南壁细部

图 34-1・龙门・第 13 窟・北壁上部

第14窟

此窟大体呈长方形,宽11尺4寸,深12尺8寸5分。后方有本尊坐像,高6尺5寸。刻有两罗汉、两胁侍菩萨。本尊后世有修补,两胁侍菩萨基本保持原状。浑朴的手法中蕴藏着雄劲气概。两罗汉的头部最近做了修补。窟的左右两壁中央各有一个佛龛,佛龛内刻有释迦、两罗汉、两胁侍菩萨,入口处雕有狮子像。这些佛像的头部亦为最近添补,不值一看。前方入口的北面一龛内,有一立像,另外,周围壁面刻有大量小佛龛。天井高约10尺,呈穹状,中心原计划雕刻莲花,尚未完工时被迫停工。石窟的南壁右胁的右边刻有"北魏普泰元年",西北角罗汉和左胁像之间,刻有"东魏天平四年"的造像铭。由此可知,此窟乃北魏时代的作品。石窟外入口左右刻有金刚力士像,但仅存残垣。南部有座七层塔,高约5尺,虽有破损,形状可辨。(图34-2)(关野贞 文)

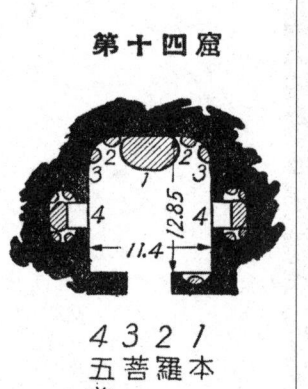

龙门西山石窟平面图·第14窟

第15窟

龛宽10尺5分,深12尺1寸7分。后壁被开凿成一个大佛龛,容有本尊、两罗汉、两菩萨。本尊的面相略有南北朝的余影,但手法平凡,且平衡欠佳。胁侍菩萨尚可。左壁并列雕有两佛龛,东边为释迦、两罗汉、两菩萨像,西边刻有释迦倚像。右壁刻有释迦、两罗汉、两菩萨像,此龛略大。此外,周壁布满了大小不一的佛龛。入口南面岩壁上,有一个雕有北魏佛的佛龛,刻有"□□二年七月十日"等内容的像铭。除此之外,窟内大小佛龛均为初唐作品。左右壁的五个佛龛,据其旁边的刻铭,可知为显庆五年(660)的作品。其他亦多为显庆年间的刻铭。天井呈穹形,中央有莲花,周围雕有飞天,但前面的飞天尚未完工。总之,窟内已拥有北魏时代的小佛龛,由此看来,此窟为北魏时代开凿,但在唐朝的显庆时代,内部雕刻几乎都被修改过,并增刻了新的佛龛和佛像。(关野贞 文)

第16窟 | 破洞

此窟没有全部完工,四壁雕刻了大小不一的佛龛,大多刻有造像铭,但缺少本尊像。均为初唐作品。右壁刻有"显庆四年""龙朔元年""总章二年"等造像铭,由此可推断此窟的开凿年代。后壁龛中的弥勒倚像基本保存完好。高处也有一两个完好佛像,但其他大小佛菩萨像,几乎头部尽失。穹形天井极为粗糙,尚未完工,地面岩石仅开凿了一部分,凹凸不齐。或许由于某种原因被迫中途停工了。(关野贞 文)

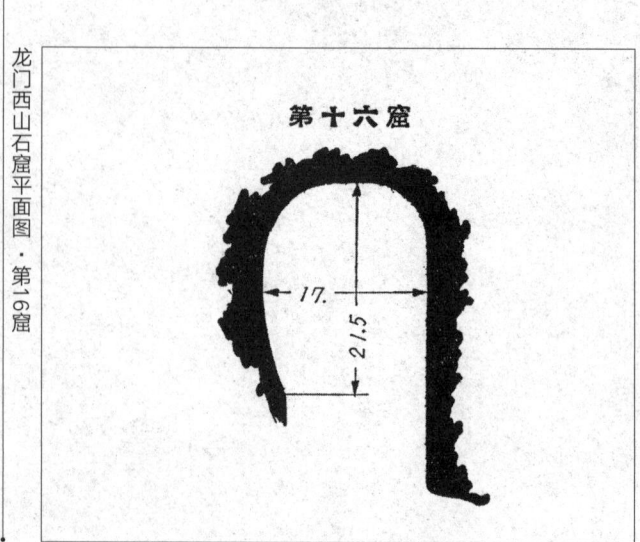

龙门西山石窟平面图·第16窟

图 34-2 · 龙门 · 第 14 窟 · 右胁侍菩萨

第17窟 | 魏字洞

宽12尺9寸，深14尺2寸5分，规模虽小，却是美丽的北魏式石窟。本尊释迦如来的坐像在方座之上，衣边盖住方座。姿势面相皆具北魏特色，特别是还有美丽的背光。其左右的两罗汉的头部尽失，幸好两菩萨基本保存完好。充分发挥了北魏简劲浑朴的风格。南北两壁各雕有大佛龛，佛龛里有本尊、两罗汉、两菩萨，还有金刚力士像。其头部皆为近年修补而成，技术拙劣。（图35-2、图36）龛外壁面刻有大量小佛龛，并刻有"正光四年""孝昌二年"等年号铭。后壁罗汉和菩萨之间，时有唐朝雕刻的小佛龛。天井略呈穹形，中央有美丽的莲花，四周为阳刻的飞天像。入口的外壁左右两侧，原有北魏雕刻的金刚力士像，现在仅存北侧雕刻。

图37右胁侍菩萨的右边，刻有三个北魏孝昌二年（526）的小佛龛和一个唐朝上元二年（675）的小佛龛。另外，菩萨和罗汉之间的佛龛，皆为初唐所刻。

沿着第17窟的北边和第16窟之间的一条道路的低处，雕有弥勒三尊佛。但头部皆失，近年进行了修补，但技术拙劣，形态丑陋，不值观看。佛像的身躯遭到严重损坏，只有本尊的背光雕刻大部分得以保存，拥有最富丽的北魏式莲花、化佛、飞天、忍冬纹、火炎等浮雕，技巧卓越。（图35-1）（关野贞 文）

龙门西山石窟平面图·第17窟

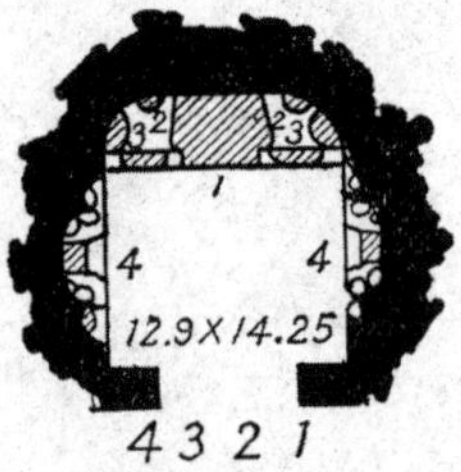

图 35-2·龙门·第 17 窟·南壁佛龛

图 35-1·龙门·第 17 窟·外部北方佛龛

图 36-1 · 龙门 · 第 17 窟 · 南壁佛龛

图 36-2 · 龙门 · 第 17 窟 · 南壁佛龛

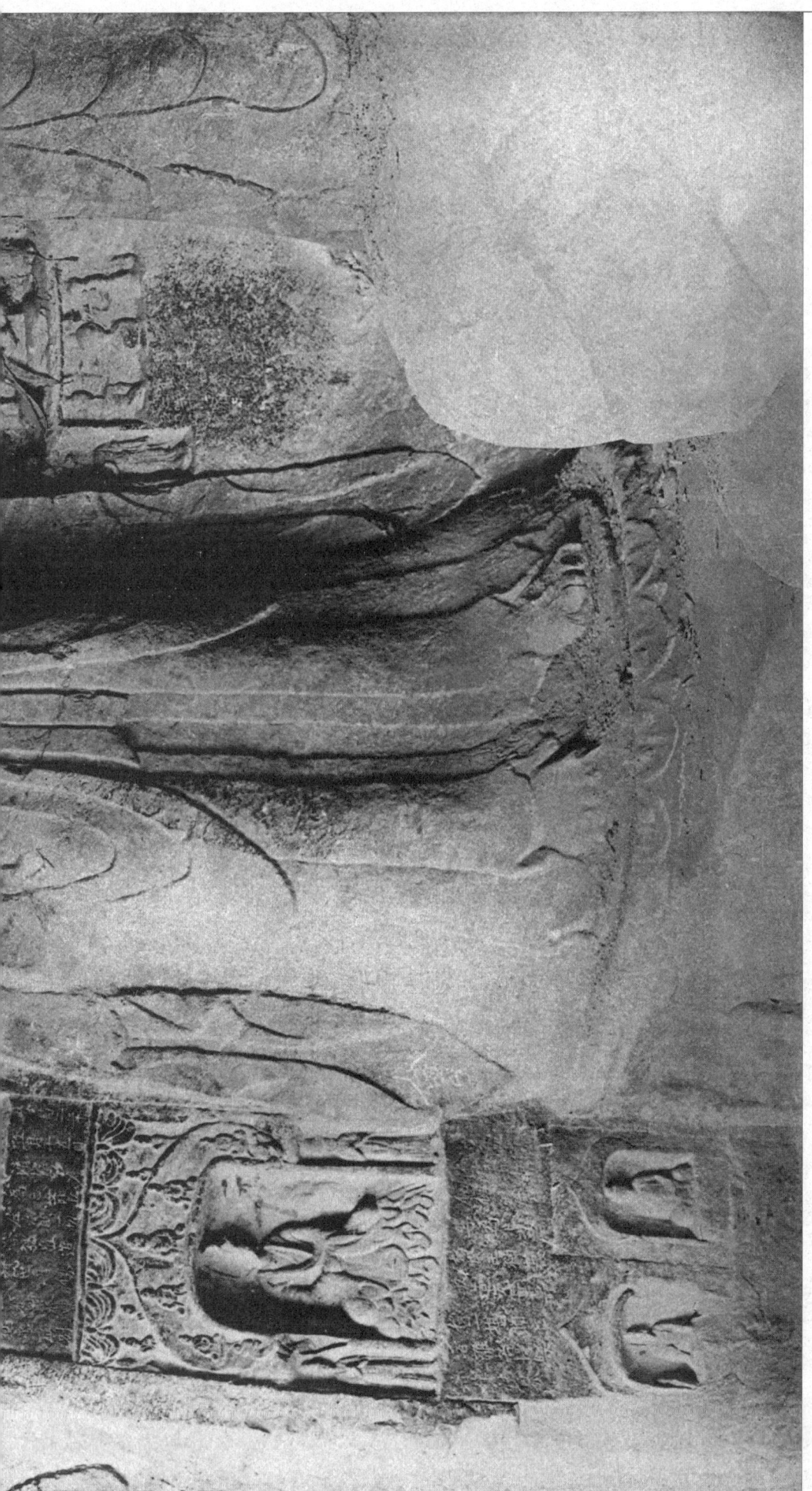

图 37 · 龙门 · 第 17 窟 · 右胁侍菩萨

第18窟

此窟为北魏时代开凿，初唐又被改凿。平面略呈长方形，宽14尺，深10尺9寸5分。整个后壁雕成一个大佛龛，佛龛内雕有本尊、两胁侍菩萨。本尊高约7尺，台座尚未完工。南壁亦有一个佛龛，面积颇大，其中刻有弥勒倚像及两胁侍菩萨像。北壁刻有观音菩萨立像，高约6尺。其他壁面雕有众多大小佛龛。前面入口处的南壁上有一个北魏时代的佛龛，除此之外，其他都是初唐作品。北魏佛龛的刻铭如下，可惜缺少刻有年号的文字部分。

大魏口口七年大岁口口正月十五日讫

雕刻在本尊基座上的小佛龛上刻有龙朔元年（661）的造像铭。另外，石窟外的左右壁上，北壁刻有东魏天平四年（537）的造像铭。南壁刻有口元六年七月十五日的造像铭。天井高约11尺，亦未完工。正面入口上方有北魏时期雕刻的屋脊，大梁中央刻有迦楼罗，两端鸱尾上翘。屋檐每一间（译者注：约180厘米）用一根圆乘木。此入口的左右及上方刻有大量小佛龛，几乎皆为北魏作品。不过，上面大都被追刻了初唐的佛龛。（关野贞 文）

第19窟 ｜ 奉先寺卢舍那佛

咸亨三年（672）唐高宗下令开凿龙门西峰的悬崖，雕刻了卢舍那大像及两罗汉、两菩萨、两神王、两金刚等像，并于上元二年（675）十二月三十日完工。造像的来由详见于《大卢舍那像龛记》。（图44-1）

河洛上都龙门之阳　大卢舍那像龛记

大唐高宗天皇大帝之所建也。佛身通光座高八十五尺。二菩萨七十尺。迦叶阿难金刚神王各高五十尺。粤以咸亨三年壬申之岁四月一日。皇后武氏。助脂粉钱二万贯。奉勅检校僧西京实际寺善导禅师。法海寺主惠

暕法师。大使司农寺卿韦机。福使东面监上柱国樊玄则。支料匠李君瓒。成仁威。姚师积等。至上元二年乙亥十二月卅日毕功。调露元年己卯八月十五日。奉勅于大像南。置大寺奉先寺。兰召高僧行解兼备者二十七人。阙即续填。创基住持。范法英律。而为上首。至二年正月十五日。

大帝书额。前后别度僧一十六人。并戒行精勤。住持为务。恐年代绵邈。芳纪莫传。勒之颂铭。庶贻永劫云尔。佛非有上。法界为身。垂形化物。俯迹同人。有感即现。无罪乃亲。愚迷永隔。唯凭信因。寔赖我皇。图兹丽质。相好希有。鸿颜无匹。大慈大悲。如月如日。瞻容垢尽。祈城愿毕。正教东流。七百余载。口龛功德。唯此为最。纵广兮十有二丈矣。上下兮百册（四十）尺耳。

牒。勅旨。龙花寺。宜合作奉先寺。

开元十年十二月五日。

河南县　牒奉先寺。

牒。被符奉勅旨。如右。请录白入司施行。牒举者牒。寺准状者。今以状牒。牒至。准状。故牒。

开元十年十二月十二日史樊宗牒。尉员狎

据此刻记，此大佛龛是高宗所建，皇后武氏助脂粉钱两万贯，从咸亨三年（672）四月到上元二年（675）十二月，耗时三年半多完工。五年后，至调露二年（680）八月，根据旨意，在大佛像南侧建造了奉先寺，并招来德才兼备的高僧27人，任命为创基住持。如佛龛在铭文中所述，"正教东流，七百余载。佛龛功德，唯此为最"。此乃中华佛教艺术中最为完美的作品。此佛龛堪称完美，可谓空前绝后。据此铭文可知，负责建造佛龛者为西京实际寺善导禅师、

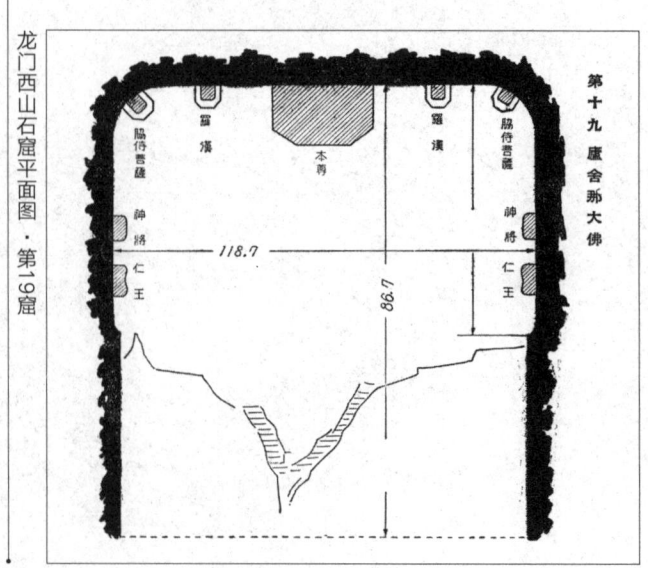

法海寺主惠睐法师、大使韦机，副使樊玄则等。其中功绩最卓著的，是被冠以"检校僧"的西京实际寺善导禅师。

善导为何许人也？作者常盘根据碑林中被保存下来的已故实际寺寺主怀恽法师的碑文断定，即净土教的大成者善导本人。高宗时代，怀恽跟从亲证三昧大德善导阇梨十余年，是后继人。其师善导去世后，怀恽将先师葬于神和原，在此建造了一座塔，在塔旁边建造寺庙。怀恽去世后，于神龙元年（705），实际寺寺主承蒙旨意，其弟子——大温国寺的思庄等人，为怀恽树碑。怀恽从师善导的时间，从总章元年（668）起有十余年。净土教的大成者善导圆寂是永隆二年（681），刚好比总章三年晚十三年，符合从师就学十余年的说法。怀恽的佛教是"一心专念阿弥陀佛愿，乘此胜因，祈生净域"。这也是善导的教诲。而且根据宋敏求的《长安志》记载，唐朝的长安城内太平坊的温国寺原名实际寺，景龙元年（707）改名为温国寺，可能是把神龙错写成景龙了。若是神龙元年（705），刚好是怀恽在善导的墓旁敕建实际寺的时候。那西京的实际寺的匾额，应该是在善导死后二十四年，移到他的墓旁的寺院里。西京的实际寺后来被称作温国寺。作为怀恽的弟子，为怀恽立碑的，就是温国寺的思庄等人。因此，净土教大成者善导，即勅建实际寺主怀恽的师父善导阇梨，后来成为检阅龙门大佛建造的西京实际寺善导禅师，这一点，无论是从年代、信仰看，还是从实际寺的联系及温国寺的关系来看，无不仅没有任何矛盾，而且从任何角度来看，都可以确定。只是，"导"和"道"在文字上存在差异，这虽算是一个障碍，但这本书中确有"导"和"道"通用的例子。善导在他所著《法事赞》写道："送经致何处，送至西方石窟函中。"这证明了善导非常熟知石窟。善导是大佛建造的核心人物，怀恽在叙述老师早丧后的心情时，在碑文中写道："想遗烈而崩心，顾于恩而雨面。"这个"遗烈"就是指开凿大佛的大事业。

当时的佛教文化很快传到了日本。七十二年后铸造的奈良的大卢舍那佛，应该就是模仿的此大佛。可以说，善导的造像直接影响到了日本奈良朝的造像。（常盘大定 文）

据龛记记载，卢舍那佛龛宽12丈，高140尺，佛身及光座共高85尺，两菩萨高70尺，迦叶、阿难、金刚、神王各高50尺。

现实地观看，发现卢舍那佛龛是在龙门西峰的中央岩质最好的岩腹开凿的。宽180尺7寸，深130尺（现在前方毁坏严重）。其正面刻凿有端坐在台座上的卢舍那佛像，背后岩壁阳刻有宏伟的背光，本尊的左右有两罗汉、两胁侍菩萨像，而且在南北两壁阳刻有两金刚、两神王像。（图38-1）

本尊卢舍那佛的像高约35尺，台座高约10尺，背光从顶部到地面高约50尺。所说的85尺，或许是用量尺中的周尺（译者注：1周尺=0.6尺）量的尺寸。台座的腰部切下四角，各角雕刻有天王像，各面都刻有神将像。北面刻有开元十年（722）十二月五日牒及《大卢舍那像龛记》。腰部上面有四重递出的仰莲花托座。仰莲花由三层瓣并列组成，每一瓣都雕有佛像。即千叶中每一叶都有一个释迦出现。台座下面是剖形，其下似曾有更大的覆莲花，但现今被埋在石块之下，看不清楚。

本尊相好，雄伟庄严，头发呈波浪状。体躯魁梧，衣纹刻划得虽浅但极其雄劲。只可惜双手尽失，两膝受损严重。背光是圆形，中央是莲花，四周是化佛、火炎的浮雕，极其丰满美丽。此像形象宏伟，姿势堂堂，雄视于龙门几万佛像中，表现出豪健伟丽之精神，是唐朝制作的雕像中最大、最优秀的作品。（图38-2、图39、图40）

本尊左边站立的迦叶雕像大都遭到破坏，右边的阿难雕像还算完整。阿难面貌温和，衣纹流畅，但高度失衡。再往两边为胁侍菩萨像，均高35尺。相好温丽，手法优雅，但头部过大，躯干过低，同本尊的雄豪之风大相径庭。可能制作者的技术水平有高有低吧。他们的宝冠璎珞同背光一样丰美，但有失纤巧。高度均为35尺。（图41、图42）

南北壁雕刻的两金刚力士各高约30尺，两神王加上小鬼各高33尺，都具有雄浑浩荡的气势。虽不失为唐代的杰作，但两罗汉、两菩萨均比例失衡。太注重技巧而缺乏精神，稍觉遗憾。（图43）

当初，这些雕像好像是在大殿内，因为岩壁到处都有插梁的小洞。另外，三面岩壁都雕刻了很多小佛龛。里面或有一尊佛像，或并列刻有两尊佛像，甚至有三尊、四尊、五尊的。这些佛像均高约7尺，姿势和技工均有鉴赏价值。（关野贞 文）

图 38-1 · 龙门 · 奉先寺 · 全景

图44-1・龙门・奉先寺・大卢舍那佛龛记・拓本

图38-2·龙门·奉先寺·卢舍那佛大像

图 39 · 龙门 · 奉先寺 · 卢舍那佛大像

图 40 · 龙门 · 奉先寺 · 卢舍那佛大像一部分

图 41 · 龙门 · 奉先寺 · 大佛右胁侍菩萨及罗汉

图 42 · 龙门 · 奉先寺 · 大佛左胁侍菩萨

图43·龙门·奉先寺·大佛侍卫毗沙门天及金刚力士

第20窟 ｜ 药方洞

此窟是北魏开凿的，入口处在北齐时代有所改造，到了初唐，入口处和外壁均做了大量改造。窟内还雕刻了一些佛龛。

此窟宽 11 尺 9 寸 5 分，深 14 尺 2 寸，天井高约 13 尺，本尊坐在方座上，紧挨着中央后壁。衣裾垂被，前面有香炉，两边刻有石狮，大半遭毁。本尊面相姿势朴素且略带野趣，背光富丽。左右两罗汉、两菩萨虽古拙不够精练。此乃龙门石窟内北魏雕像中最为简朴的几尊雕像。（图 45-2）南壁刻有稍大的佛龛，并刻有本尊、两罗汉、两菩萨。北壁刻有两佛并坐的小佛龛，两罗汉、两菩萨侍立其左右。其他壁面也密密麻麻地刻了很多小佛龛。正面入口北面的内壁刻有北魏普泰二年（532）及永熙三年（534）的刻像铭，可知此窟早在北魏时代就有了。南壁刻有唐朝永徽元年（650）及显庆四年（659）的刻像铭。可知这些小佛龛是初唐雕刻的。天井稍呈穹状，雕刻有大莲花，四角阳刻有飞天。此窟可能被后人用作厨房了，因为壁面、天井都呈煤黑色。

石窟入口的左右侧刻有药方，故俗称此窟为药方窟。基本上属于北魏时代的石窟。然而，北齐武平六年（575），削去一些北方侧壁刻的药方，雕刻了一个石碑，石碑上刻有道兴的造像铭。世人往往把此碑上的雕刻时间作为此窟的开凿时间。其实如上所述，石窟内有刻有北魏年号的佛龛，所以说此窟为道兴年间开凿的说法并不正确。（图 45-1、图 46-1、图 46-2）

初唐时期，要在此窟入口处的左右雕刻奇异的柱子，而把药方的一部分和造像碑的一部分给削去了。入口上面的拱门上，中央是龟趺，左右是力士支撑着石碑。碑首刻有蟠螭，颇为雄丽。碑面看不到一个刻字。入口两旁，高肉雕着仁王像，最具雄豪气势。碑的左右也雕刻有云中飞天像。这些雕像，从样式上看明显是初唐作品，窟内小佛龛上刻有"永徽""显庆"，可能是这个年间刻的吧。当时本来计划对石窟内外进行大规模改造，却没能完成。还没来得及在碑上刻字，就因故遭到了停工的厄运。（图 44-2）

图 44-2 · 龙门 · 第 20 窟 · 前景

图 45-2 · 龙门 · 第 20 窟 · 本尊

图 45-1 · 龙门 · 第 20 窟 · 入口北侧 · 北齐造像铭及药方刻字

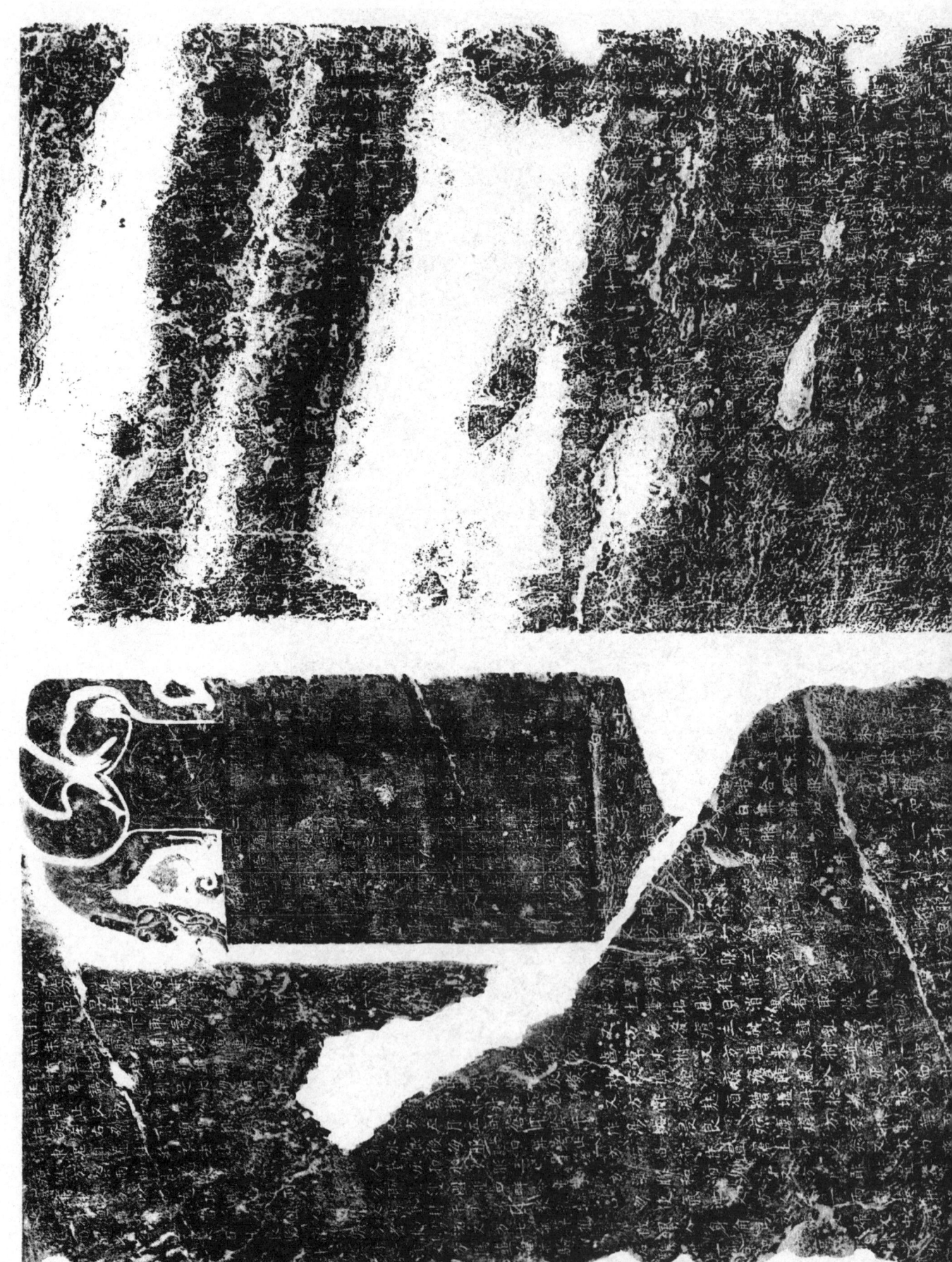

图 46-1·龙门·第 20 窟·入口南侧·药方刻字·拓本

图 46-2·龙门·第 20 窟·入口北侧·药方刻字及造像偈铭·拓本

第21窟 古阳洞

第21窟叫古阳洞，又名老君洞，在第20窟（药方洞）的南面，可能是龙门开凿最早的石窟，和宾阳洞一样，属龙门几千石窟中的杰出之作。

宾阳洞没有刻铭，而古阳洞以造像铭居多。因此，依此可确立造窟年代和出资者。其中最古老的是太和十九年（495）的丘穆陵亮夫人尉迟的造像铭（图69-2），最重要的是太和二十二年（498）的比丘慧成的造像铭（图69-1），太和二十二年（498）北海王元详的造像铭（图69-3）、景明三年（502）孙秋生等的造像铭（图68-1）、杨大眼的造像铭（图68-2），以及景明四年（503）比丘法生的造像铭（图68-3）等。如后面将要论及的那样，孙秋生等的造像到景明三年（502）完工，改造计划在太和七年（483）开始，所以应该认为此窟在太和七年（483）以前就有了开凿的企划，或者已经动工。据丘穆陵亮夫人的造像铭，可以推知此窟在太和十九年（495）已经基本完工。据比丘慧成的造像铭明确可知，此窟是其为国家祈祷开凿的。据杨大眼的造像铭，他看到此窟想到孝文帝的遗迹，为了皇帝他要开凿一座石像。此窟是孝文帝拥护、支持佛教而建造的石窟。景明初年（500）开凿完工时的情形不难想象。此外，窟内大大小小的佛龛层层交错，多数刻有太和、景明、正始、延昌、永熙、天平、武定等的年号铭。（常盘大定 文）

此窟宽22尺8寸5分，深约30尺，后方呈半圆形。天井呈椭圆状穹形，高约32尺，地面约3尺被土石埋没。本尊释迦如来像紧挨后壁，坐在高约7尺的方座上。衣裾垂在方座的三面。方座建在高约10尺的坛上。坛下左右有石狮，南侧为后世补修。

本尊高约15尺，基本上保存了老式结构，但后世补以泥塑，进而添加了拙劣色彩，严重损伤了本尊的美观。坛面多建有小佛龛，但近年用泥塑修补后，大半被遮盖。本尊后面雕刻有大背光，阳刻有大量小佛、火炎，极其雄丽丰美。其左右为北魏菩萨立像，侧站在莲花座之上，身后亦有美丽背光。高各约13尺。南壁大体分三层，下层西侧刻有两大佛龛，东侧刻有很多小佛龛。第二层及第三层各排列四大佛龛。北壁亦分为三层，各层皆并排四大佛龛。南北两壁皆在第三层沿穹形天井刻有大小不一的佛龛，还雕刻了众多小佛龛填补空隙。这些大大小小的佛龛，或是冠有莲花拱，或是冠有跨腰拱，里面刻有本尊、胁侍，雕刻有精致美丽的背光，拱面雕刻有或小佛，或化佛或垂帐璎珞。还有呈佛殿形状的，刻有斗拱，屋脊上安有鸱尾、瑞禽。壁面到处都是塔婆形。

这些佛龛的旁边，大多刻有造像铭，由此可知其年代和出资者的姓名。（关野贞 文）

图69-1 龙门·第21窟·始平公造像铭·拓本

太和九年十一月使持節司空公長樂王丘穆陵亮夫人尉遲為亡息牛橛請工鐫石造此彌勒像一區願牛橛捨於分段之鄉騰遊無礙之境若存若託生於天上之妙樂自在之處若有諸佛之所若生世界妙樂自在之處若有苦累即令解脫三塗惡道永絕因趣一切眾生咸蒙斯福

夫靈跡□永感則樂宗廟尋容像不逮如粢之必真矯□□□□遺形致于下□□萱于大代建初年

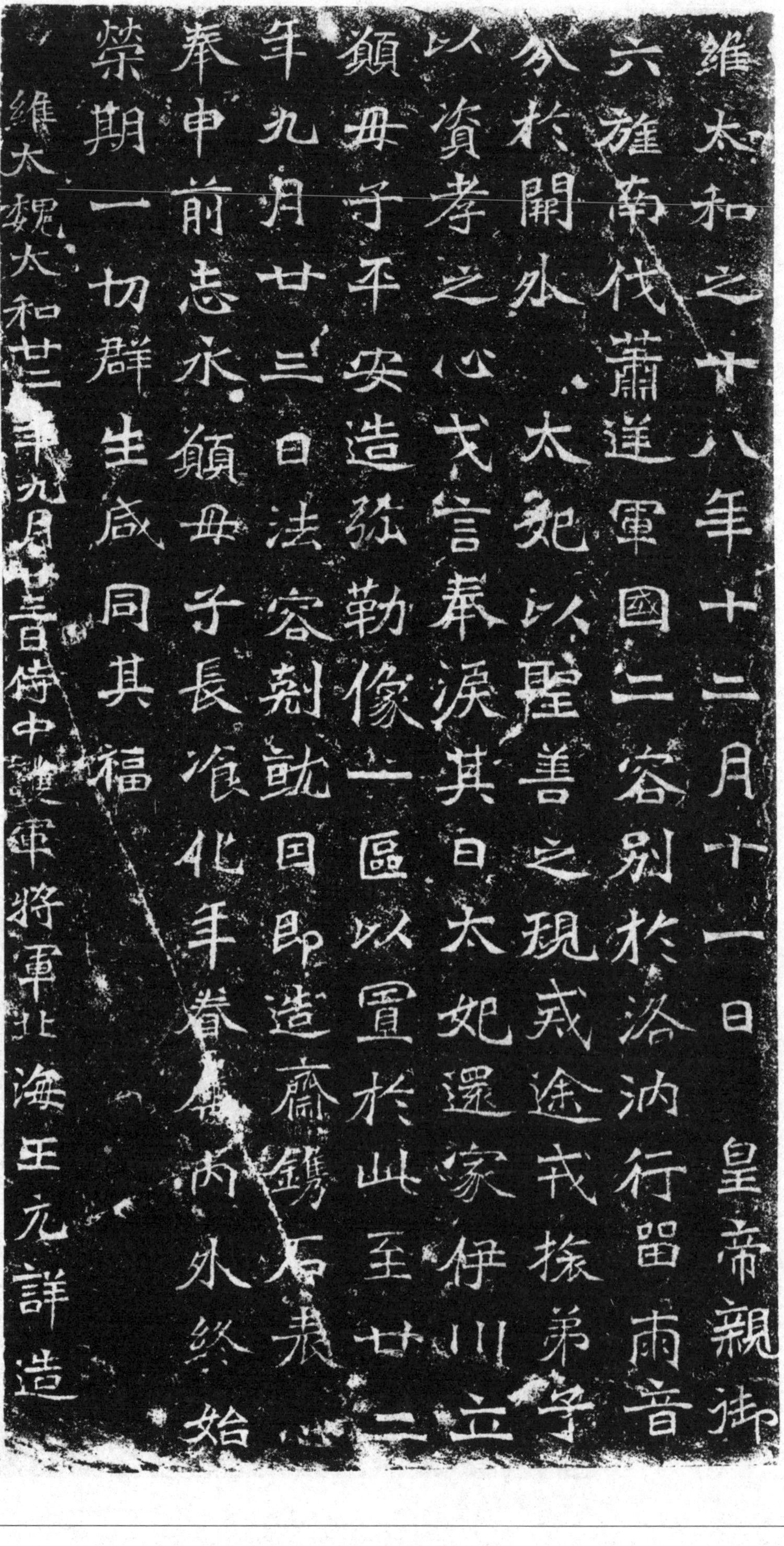

维太和之十八年十二月十一日皇帝亲御
六雄南伐萧莲军国二容别於洛汭行留雨音
分於开水太妃以程善之现戒途戎弟孚
颁毋子平安造弦言奉泪其日太妃还家伊川立
年九月廿三日法勒像一区以置於山至廿二
奉中前志永颜母子长汇化手卷毋西水终
禜期一切群生咸同其福
维太魏太和芒□九月七音侍中护军将军北海王元详造

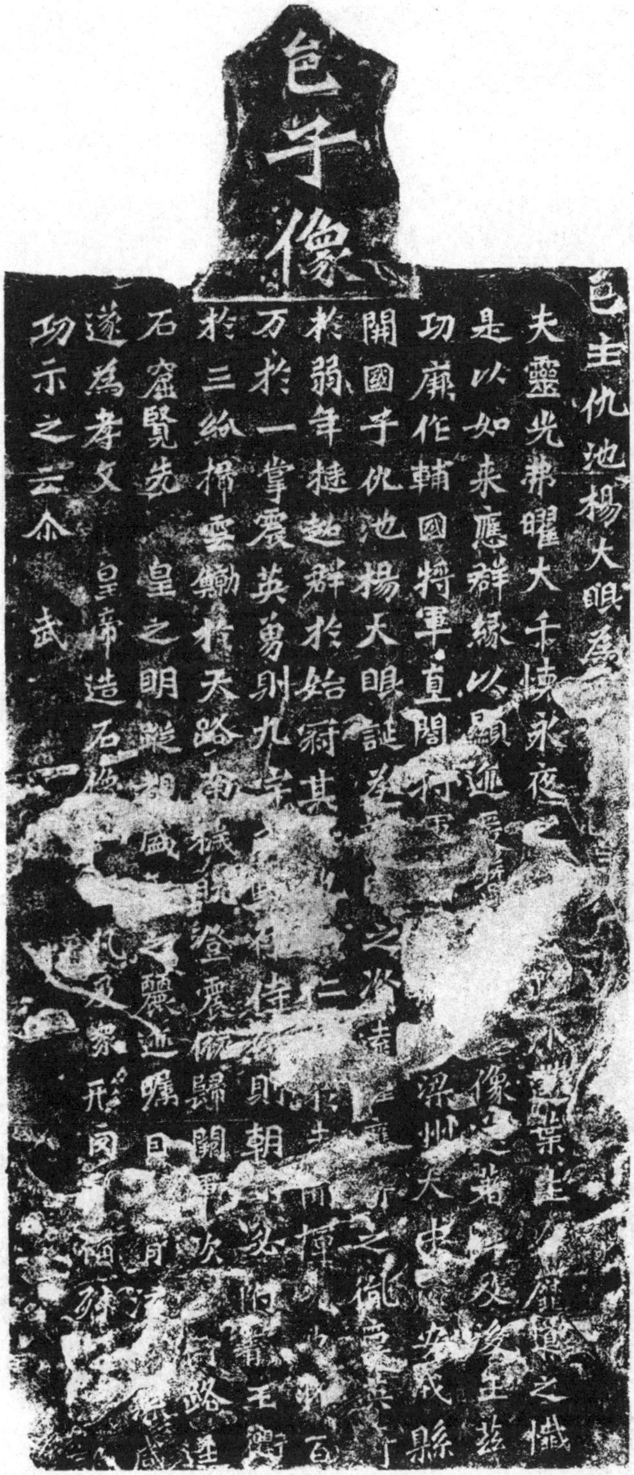

图68-2·龙门·第21窟·仇池杨大眼造像铭·拓本

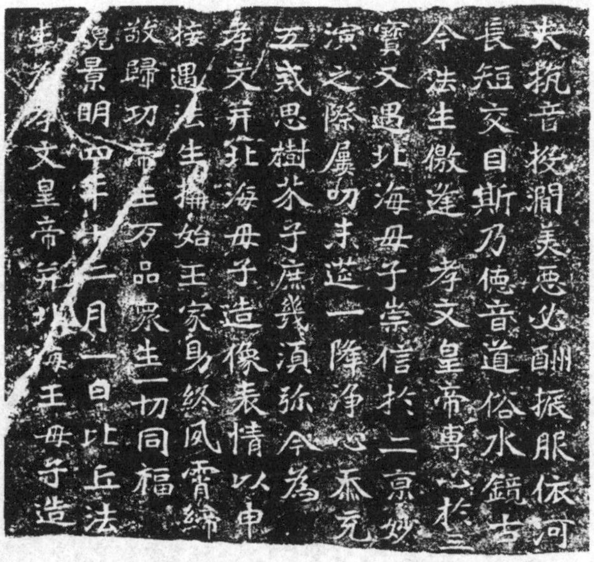

图68-3·龙门·第21窟·比丘法生造像铭·拓本

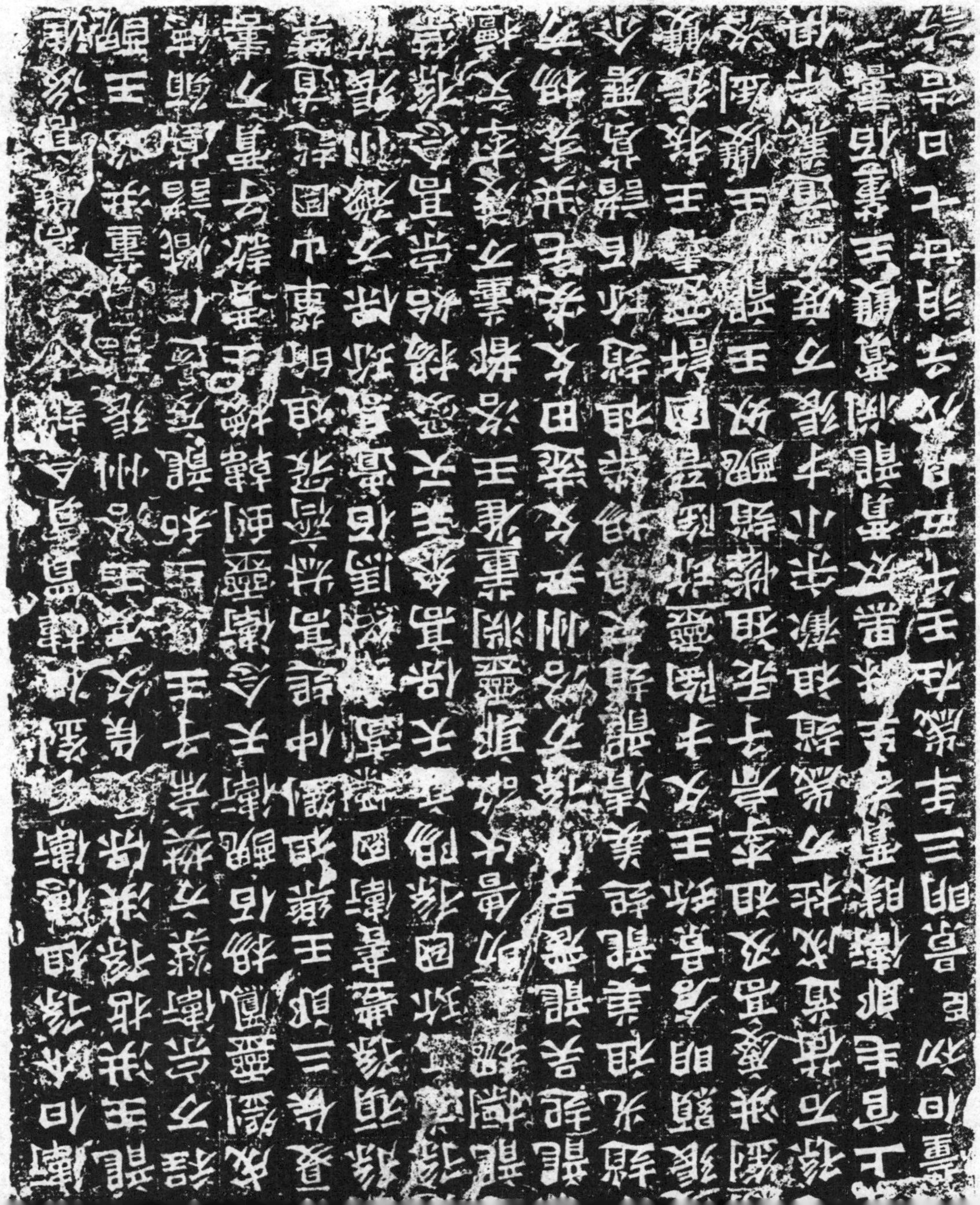

图 68-1·龙门·第 21 窟·孙秋生等造像铭·拓本

图47 是此窟的本尊像。本尊倚坐在方座上,衣裾三面遮盖方座。本尊约15尺,面相、姿势、衣纹都保持原状。但是后人补以泥塑,且增添了拙劣色彩,反而损伤了本尊美感。本尊后面岩壁上阳刻有大背光,背光、火焰上刻有众多小佛。火焰,纤巧但不失雄丽气势。本尊左右雕刻有胁侍菩萨的立像,站在莲花座上,亦有美丽背光。这两尊像多少遭到毁坏,旧手法修复直简劲,北魏像的特征被表现得淋漓尽致。本尊背光的外面刻有众多小佛龛。(关野贞文)

图47·龙门·第21窟·本尊

图 48 是北壁西端的下部,即本尊的左侧,高座左下角有一只石狮。面对壁面左手持宝瓶的菩萨是观音。作为本尊的胁侍菩萨虽高度不够,但从位置来看应该是模拟胁侍。胁侍菩萨的左边刻有"古阳洞"三个字。此乃最值得观看的壁面。本书集中收集的此窟图片达 14 页之多。图 49 是拍摄的北壁面最大的照片。把早崎氏时期的图片和此图片对比可以看到,到了冢本氏时期(此时),众多佛像的头部已丢失。(常盘大定文)

图 48 · 龙门 · 第 21 窟 · 西北壁下部 · 本尊左侧

图 46 · 龙门 · 第 21 窟 · 北壁上部

图50、图53、图54、图55显示的是北壁中央，即刻古阳洞三个字的左上方。上层大龛内刻有三尊佛像，亦有精致美丽的背光。龛顶是莲花拱面，上面刻有小佛，座下有香炉和六个供养者。其左边（东）刻有造像铭，即《邑主仇池杨大眼为孝文皇帝造像记》（图68-2）。如前所述，年代为景明元年（500）。（关野贞文）《杨大眼传》在《魏书》第七十三卷里可以看到。里面写道："杨大眼虽不学，恒遣人读书。坐而听之，悉皆记之。令作露布，皆口授之。而竟不多识字也。"

邑子像

邑主仇池杨大眼，为孝文皇帝（译者注：原文为"□□□□□"。译者根据《杨大眼造像铭》补译）

夫灵光弗曜。大千怀永夜之□。□从不邁，叶生晗靡道之忏。是以如来，应群缘以显迹。爰暨□□，□像遂著。降及后王，兹功廉作。辅国将军直阁将军，□□□□梁州大中正安戎县开国子仇池杨大眼，诞承龙曜之资，远踵应符之胤。禀英奇于弱年，捷超群于始冠。其□也，垂仁声于未闻。挥光也摧百万于一掌。震英勇，则九宇□□。存侍纳，则朝野必附。彰王衡于三纷，扫云鲸于天路。南秽既澄，震旅归阙。军次□行，路迳石窟。览先皇之明踪。见盛圣之丽迹。瞩目□霄，泫然流感。遂为孝文皇帝，造石像一区。凡及众形，罔不备列。刊名记功，示之云尔。武。

从文中的"南秽既澄"如在《授堂金石跋》里指出的那样，是指景明元年（500）正月，追击裴叔业于寿阳时，杨大眼事先率众进入立功之事。此事在《魏书》《杨大眼传》里可以看到。杨大眼功成回震旅阙途中，路过龙门石窟，阅览了先皇的足迹，看到盛圣的伟绩，感极而涕，发誓要为孝文皇帝造一座石像。从这一点来看，此窟是孝文帝拥护、支持佛教而建造的石窟。此佛龛应是宣武景明元年（500）开凿的。（常盘大定 文）

紧临此佛龛的左边（东）大龛由魏灵藏、薛法绍二人发愿建成。虽缺铭文年代，也应该是景明前后开凿。其铭文如下。里面写道，"辄罄家财，造石像一区，凡及众形，罔不备列"。可见其耗资巨大。

释迦像魏灵藏。薛法绍

夫灵迹诞遘，必表光大之迹。玄功既敷，亦标希斋世之作。自双林改照，大千怀缀映之悲。慧日潜晖，唅生衔道慕之虑。是以应真悼三乘之靡凭，遂腾空以刊像。爰暨下代，兹容厥作。钜鹿魏灵藏，河东薛法绍二人等。求豪光东照之资，阙兜率翘头之益。敢辄罄家财，造石像一区。凡及众形，罔不备列。愿乾祚兴延，万方朝贯。愿藏等，捷三槐于孤峰，绣九藏于华苑。芳实再繁，荆条独茂。合门荣范，福流并叶。命终之后，飞逢千圣。神飏六通，智周三达。旷世所生，元身眷属。舍百郭则鹏击龙花。悟无生则凤升道树。五道群生，咸同斯庆。

陆浑县功曹魏灵藏

洞窟上部的弥勒龛刻有此石窟最早的年代铭，由此可知，使持节司空公长乐王丘穆陵亮夫人尉迟，为死去的儿子牛撅，于太和十九年（495）造了一座弥勒石像（图69-2）。丘穆亮，在太和十八年（494）孝文帝吊比干墓文碑背中被写作使持节司空公太子传长乐公臣河南郡丘目陵亮，《魏书》里被叫作穆亮。文中说：

太和□九年十一月，使持节司空公长乐王丘穆陵亮夫人尉迟。为亡息牛撅，请工镂石，造此弥勒像一区。愿牛撅，舍于分段之乡，腾游无碍之境。若存托生，生于天上诸佛之所。若生世界，妙乐自在之处。若有苦累，即令解脱。三涂恶道，永绝因趣。一切众生，咸蒙斯福。

杨大眼造佛龛的下面有一个大佛龛，装饰有跨腰拱，悬有璎珞，龛内雕有弥勒像。是永平四年（511）安定王所造。近年头部的修补极其拙劣，令人生厌。杨大眼造像铭的左方是二佛并坐小龛，小龛的上面刻有弥勒三尊佛，为景明三年（502）比丘慧感所造。另外周围还有很多佛龛，多为太和二十年（496）以后景明时期建造。大龛小龛交错，呈现一派极其富丽的景观。

图51是它的上部。（常盘大定 文）

图 50 · 龙门 · 第 21 窟 · 北壁上部

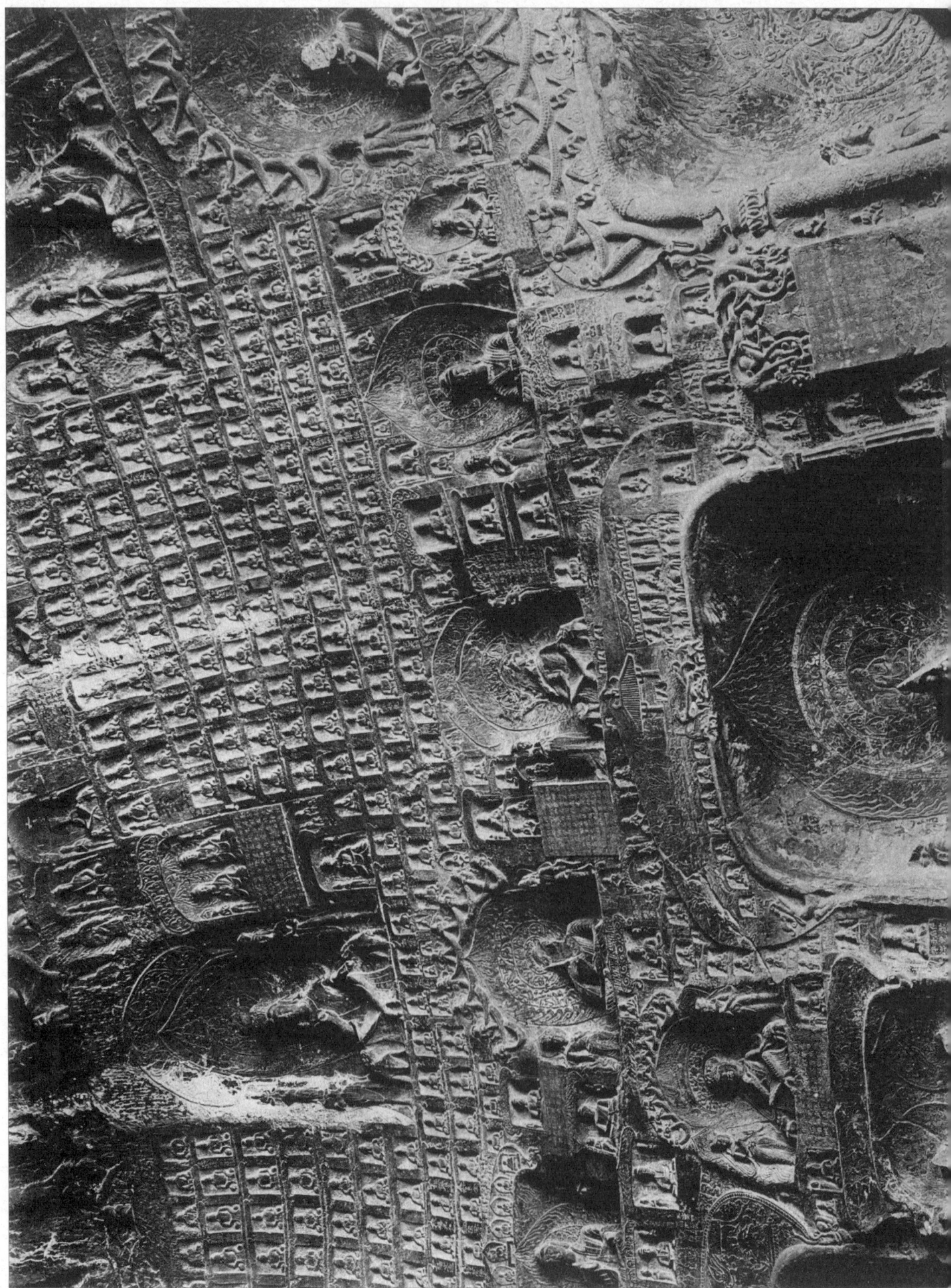

图53·龙门·第21窟·北壁上部·仇池杨大眼造像

图 54 · 龙门 · 第 21 窟 · 北壁上部 · 仇池杨大眼造像

图 55-1 · 龙门 · 第 21 窟 · 北壁细部

图 55-2 · 龙门 · 第 21 窟 · 北壁细部

图 51 · 龙门 · 第 21 窟 · 西北壁上部

图 52-1，北壁的西端，大大小小的佛龛刻满了岩壁。岩壁的上部阴刻有"古阳洞"三个大字。尽管不知具体的雕刻时期，但是后人明显据此命名的此石窟。位于该图中央两腿交叉的弥勒像为正始二年（241）王史平所造。弥勒像的左下方有佛龛相隔的小龛立像，是永平三年（510）比丘尼法行造的定光佛像。（关野贞 文）

图 52-1・龙门・第 21 窟・北壁西方

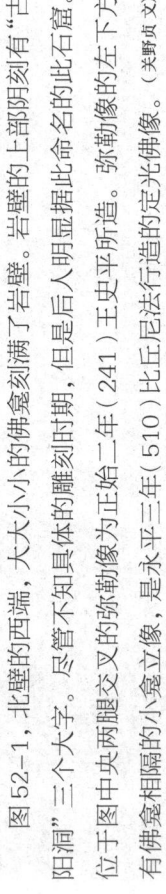

图 52-2 显示的是北壁中央大大小小的佛龛。中部有两层弥勒三尊龛，手法不分上下，可能是同时雕刻而成。下龛两腿交叉倚像下，刻有永平二年（509）比丘尼法文法隆造弥勒像的像铭。其下面的三龛分别是永平三年（510）比丘尼法庆造的弥勒像，永平四年（511）曹连造的释迦像，朱义造的观音像。上龛下面的刻铭被削去了，在上面又新刻上了"光绪庚寅春，长白丰二文十三，住潜溪寺，拓龙门造像铭，共得千五百品"的字样。由此可知龙门造像铭的数量之多。（关野贞 文）

图 52-2・龙门・第 21 窟・北壁一部分

图56 图示的是北壁东端的下方，特别是下层大龛的头部雕饰。莲花拱面并列刻有佛菩萨像。拱外的空隙处雕缀有飞天、云纹。跨腰拱内交替雕刻有兽面和飞天，璎珞垂下，手法精致美丽。此大龛的下部有一半被埋没，内部佛像也毁坏严重。此大龛的上部和中层龛之间，并列刻有小佛龛，其中有一个刻有比丘惠荣造释迦佛像的像铭。龛头在跨腰拱面上，刻有佛像、飞天。其上方左右两侧刻有文殊、维摩诘问答图。其左边（和有二佛并坐像龛，亦为同一样式。不过前者左右是胁侍菩萨，此乃仁王像，为黑食生兄弟所造。（关野贞 文）

图56·龙门·第21窟·北壁下层一部分

图 57-1・龙门・第 21 窟・北壁・夏候叔及法伶造像

图 57、图 58 是在北壁下层西端龛旁的小三尊佛龛,亦在跨腰拱外分别刻有文殊、维摩诘像。三尊佛是正光四年(523)夏候叔及法伶(?)所造。刻铭如下。

夏侯叔。为合家口。各造像一躯。一心供养。

夫圣觉潜晕,绝于形相,幽宗欣口,攀寻莫晓。自非影像,遗训安可崇哉。是以比丘尼法伶,感庆往因,得育天机。故献单诚,造释迦像一区。愿女体口多康,众口口口口遐记,口令加助。

正光四年正月二十六日。

图 57-2 是北壁西端下层大龛,现在一半被埋没。图片主要显示此佛龛上部的雕饰部分。跨腰拱面上部分别刻有飞天供养图。其下面刻有垂帐璎珞,纤细柔美。其上部内含立像化佛二龛,是天平三年(536)比丘尼云会造的观音像。内含两脚交叉像,且隔有二龛左方小龛,是强弩将军起趋振的造像。

图 57-2 · 龙门 · 第 21 窟 · 北壁下部 · 佛龛装饰

图 58-1·龙门·第 21 窟·北壁下部·佛龛装饰

图 58-2 · 龙门 · 第 21 窟 · 北壁 · 佛龛装饰

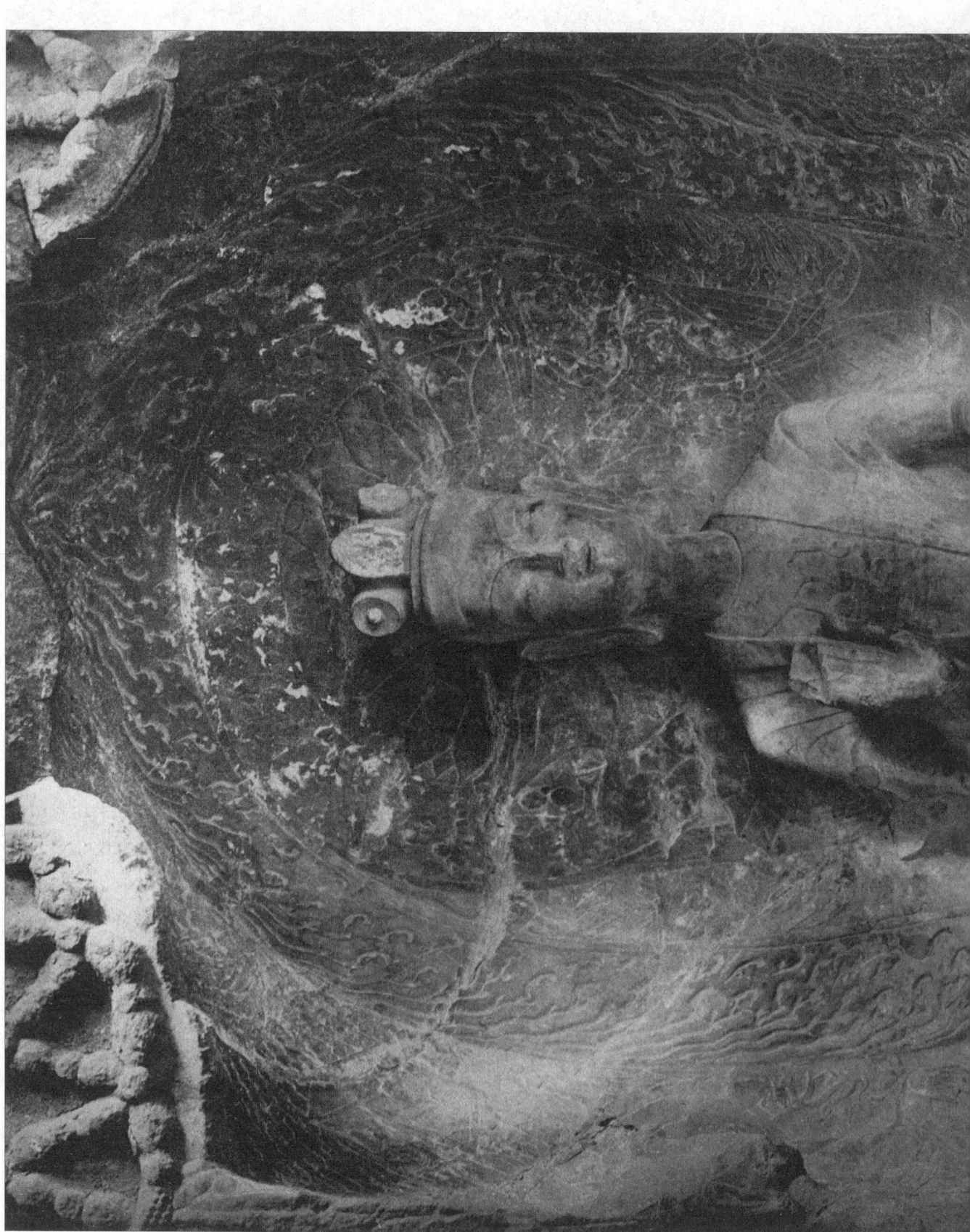

图59显示的是北壁中层东端的弥勒大龛。弥勒呈盘腿姿势，面相端丽，衣裙纹遒劲，座下左右各有一个石狮。龛的上部有跨腰拱及璎珞，龛内雕刻有最为壮丽的背光，左右阳刻有胁侍菩萨像，从其样式可推知为景明前后开凿。像下三龛前文已述。左方二龛是黑鎣生兄弟的造像，右方一龛是正光二年（521）比丘尼惠棻造的释迦像。

图59·龙门·第21窟·北壁·佛龛菩萨

图60·龙门·第21窟·北壁·佛龛

图60是北壁中层西侧的弥勒龛，亦为弥勒盘腿像。样式大致和前者相近，技巧稍劣，年代可能稍晚一些。下面阳刻了很多人物供养图。（关野贞文）图61显示的是北壁中央部夏侯叔的造像等。图66-2是其中的一部分。（图66-1写的南壁细部应该为北壁细部）

图 66-2 · 龙门 · 第 21 窟 · 南壁细部

图 61 · 龙门 · 第 21 窟 · 北壁中央部分 · 夏侯叔造像等

图63显示的是南壁中央的上部。两大龛并列，龛内刻有释迦如来坐像，有着富丽的背光，座下刻有香炉及四位供养人物为深浮雕手法。另外龛上冠有扁平的莲花拱，拱内刻有大量小佛。其右面是刻有造像铭的碑形。铭文是图68-1，碑文如下。

邑子像

邑主中散大夫荥阳太守孙道弥

宁远将军中散大夫荥川太守安城令衙白犊

大伐太和七年，新城县功曹孙秋生，新城县功曹刘起祖，二百人等，敬造石像一区。愿国祚永隆，三宝弥显。有愿弟子等，荣茂春葩，庭槐独秀，兰条鼓馥于昌年、金晖诞照于圣岁。现世眷属，万福云归，洙轮叠驾。元世父母，及弟子等。来身神腾九空，迹登十地。五道群生，咸同此愿。孟广达文。萧显庆书

（略去列名）景明三年岁在壬午五月戊子朔二十七日造讫

根据此铭可知，此佛龛写的是太和七年（483）新城县功曹孙秋生跟新城县功曹刘起祖等二百人祈愿，于景明三年（502）五月七日（译者注：应为二十七日）开凿完毕的情况。

右龛虽缺少造像铭，但其样式最为古老，接近云冈石窟的手法，刚劲有力。再看此二龛下面的佛龛。中层佛龛的上部亦有华丽的雕饰，但佛头近年被偷又新补造了漆绘头部，丑陋不堪。图64的上龛即是此中层龛，其他佛龛的佛头都是后人拙劣的补造，这里的佛像仍保留原来的端严面貌。在此四大龛的周边，密密麻麻刻满了小佛龛。

图 63 · 龙门 · 第 21 窟 · 南壁上部

图62是南壁的上部，位于上述刻有"太和七年铭"的佛龛在右侧（东）。上层佛龛内雕刻有释迦三尊像，像座前刻有造像铭。铭文如图68-3所示，此乃景明四年（503）比丘法生为孝文帝及北海王母子所造。铭文如下。

夫旆音投润，美恶必酬。振服依河，长短交目。斯乃德音道俗，水镜古今。法生徽逢孝文皇帝，专心于三宝。又遇北海母子，崇信于二京。妙演之际，屡叩未筵。一降净心，悉充五戒。思树芥子，庶几须弥。今为孝文，并北海母子。造像表情，以申接遇。法生构始，王家助终。夙宵缔敬，归功帝王。万品众生，一功同福。魏景明四年十二月一日，比丘法生，为孝文皇帝并北海王子造。

北海王即指元详，在《魏书》第二十一卷中有相关传记，是献文帝的六王子之一，孝文帝的兄弟。

文中写道："法生构始，王家助终。夙宵缔敬，归功帝王。"由此可知，法生开工，王家助之。王家就是孝文皇帝。

龛内刻有美丽的背光，在方座下面的造像铭左右刻有僧俗供养图。莲花拱面亦并列刻有小佛。其左侧（西）为前文所述的孙秋生等的太和七年（483）的造像铭，造像铭的左边即为此佛龛。另外，法生造像龛的下方亦有一个大龛。在龛的拱顶内雕刻有璎珞、草、花等，下面呈帐形，刻有飞天。本尊头部近年也遭到毁坏，现有拙劣的修补。此等大龛的上部，刻有大大小小无数的佛龛。（关野贞 常盘大定 文）

图 62 · 龙门 · 第 21 窟 · 南壁上部 · 第三佛龛 · 比丘法生造像

图64、图65、图66-1显示的是南壁中央下层的一部分。中层的大龛（从东数第四）内雕刻有弥勒菩萨盘腿像。左右有胁侍立像，座下两旁刻有石狮一对。龛头莲花拱和跨腰拱交错重叠，上面雕刻有化佛和飞天等。手法过于纤巧，不同于上层造像的刚健。犹如年代稍晚的造像。其下亦有一个大龛，雕刻技巧值得欣赏，本尊的头部却已丢失。中层佛龛的右方（东）雕刻有佛殿龛，内有三尊佛。佛殿龛有斗拱、蟾蜍股，罩有"人"字形结构的殿顶。大梁的两端雕刻有鸱尾，中央雕刻有瑞禽。其下有同治九年（1870）的刻铭，是削去旧刻铭后的新刻。

其下刻有三层塔。每层都是模仿木造塔，屋盖大，轩深，顶部饰有相轮。还有大小不一的佛龛交错罗列，难以一一描述。其中刻有铭文的有：弥勒龛下面天平四年（732）孙思香造的观音像、三层塔下部天平二年（730）僧清长造的弥勒像、神龟三年（726）邑师惠感的造像、弥勒龛的左下方神龟二年（725）杜匡安造的无量寿像、神龟三年（726）邑师惠感的造像。图67是西南壁的上部，造像的构思和图案均与其他无异。（关野贞 常盘大定 文）图49、图52、图59、图60是明治年间（1893）早崎梗吉拍摄的，图53、图62、图63是后来冢本靖、关野贞两位拍摄的。比较一下可知，早崎的时候，盘腿像的头部还完好无损，到了冢本、关野的时候，头部已丢失，增添了拙劣的补修。

图 64 · 龙门 · 第 21 窟 · 南壁一部分

图 65 · 龙门 · 第 21 窟 · 南壁一部分

图 66-1・龙门・第 21 窟・南壁细部

图七 龙门·第21窟·西南壁上部

古阳洞铭文

图68的三铭文前文已述，此处略之。

图69-1是为始平公写的造像铭。其祈愿者为比丘慧成，实际上是始平公的儿子，此造像铭于太和二十二年（498）建成。雕刻此造像铭的动机是，对上适逢昌运之喜，为国而造以报皇恩。对下为了亡父乃至师僧、父母、眷属皆能升入弥勒净土，享受佛法的利益。全文如下。

始平公像一区

夫灵踪口启，则攀宗靡寻。容像不陈，则崇之必口。是以真口口于上龄，遗形敷于下叶。暨于大代，兹功廉作。比丘慧成，自以影濯玄流，邈逢昌运。率竭诚心，为国造石窟口口。系答皇恩，有资来业。父使持节，光口大夫，洛州刺史始平公。奄焉薨，放仰口颜。以摧躬口，匪鸟在口。遂口亡父，造石像一区。愿亡父，神飞三口，智周十地。口玄照则万口口口，震慧向则大千斯口。元世师僧，父母眷属。凤骞道场，鸾腾兜率。若悟洛人间，三槐独秀，九彩云敷。五口生同斯愿。太和廿二年九月十四日讫。朱义章书，孟达文。

图69-2前文已述，在此省略。

图69-3是太和二十二年（498），侍中护军将军北海王元详祈求母子平安而造的一尊弥勒像的铭文。从太和十八年（494）起，花费整整四年建成。由此文推测，太和十八年（494）十二月孝文帝亲自督军踏上了征伐南方萧逆（指梁武帝）的征程，北海王尚亦在军中。其母太妃此时送孝文帝和北海王至宫门外。母子诀别时，北海王因孝心流泪。当日太妃回到家中，为祈求母子平安想在伊川造一尊弥勒像。北海王遵照其意愿，于太和二十二年（498）九月造成此像。太妃为北海王之母，显宗献文帝之妃，名曰高椒房。孝文帝为李思皇后所生，和北海王是同父异母的关系。

北魏由鲜卑族拓跋氏建立，太和十七年（493）迁都洛阳，翌年十二月即刻南伐。文中所说南方的梁帝就是萧逆。由此可看出胡汉两民族、南北两帝国敌视对峙的状况。北海王母子笃信佛教。图68-3中比丘法生写道，"傲逢孝文皇帝，专心于三宝，又遇北海母子崇信于二京"。同时追怀孝文帝和北海母子，为孝文帝并北海母子造像，以此表达了接遇的喜悦之情。北海王铭文如下。

维太和之十八年十二月十一日，皇帝亲御"六旌"，南伐萧逆。军国二容，别于洛汭。行留雨音分于阙外。太妃以圣善之规，戒途戒族。弟子以资孝之心、戈言奉泪。其日太妃还家，伊川立愿母子平安。造弥勒像一区，以置于此。至二十二年九月二十三日，法容剋就因即造齐。镌石表心，奉申前志。永愿母子，长殚化年。眷属内外，终结荣期。一切群生，咸同其福。

维太魏太和二十二年九月二十三日。侍中护军将军北海王元详造。

概观第21窟的铭文可得知，一是此窟早在太和七年（483），孙秋生等二百人在制订造像计划时业已开凿。二是在孝文帝迁都洛阳的太和十七年（493），随从南伐军的北海王元详的母亲高太妃，为祈求母子平安，想造一尊弥勒像，元详遵照母意，至太和二十二年（498）完工。三是同样从军的杨大眼，在平定了南方，指挥军队回关途中，路经石窟，阅览先

齐郡王祐造像铭拓本

比丘道匠造像铭拓本

皇（孝文帝）之明踪，目睹盛圣之丽迹，泫然泪下，遂为孝文帝造石像一区。四是法生因孝文帝专心于三宝、北海王母子崇信二京而感动，遂为孝文帝及北海王母子在景明四年（605）造像。且此次造像获国家资助，铭文表示功劳应归帝王。如此，此窟在孝文帝时期的太和七年（483）业已动工，迁都洛阳的太和十七年（493）以后，工程进度加快。其中有孝文帝、北海王母子等王族的资助。从铭文中可知，为孝文帝造的像至少有三尊。因此此窟的建成，标志着孝文帝势力的强大。从这一观点来看，毋庸置疑，此窟是专为孝文帝而建造的。（常盘大定 文）

一弗造像铭·拓本

平干虎造像铭·拓本

比丘惠感造像铭·拓本

魏灵藏薛法绍造像铭·拓本

解伯达造像铭·拓本

都□□
骑校
尉司
解违马
伯造口
达一弥
造躯勒
像盖道
父治像
母延□
七属日
地仕登
逊违六
声求趣
福必斯
群生场
颜咸和
太同此
和趣
年
造

广川王贺兰汗造像铭·拓本

景明三年八月十□日□
川王祖母太妃侯为亡夫
侍中使持节征北大将军
广川王贺兰汗造弥勒像
一区愿绝苦因速成正觉
愿令永

北海王太妃高造像铭·拓本

孙保失乡携越
□□□□□衔
不幸早死今为
区使永脱百苦及
魏北海王国太妃高为孙保造
兔之

比丘尼慈香慧政造像铭·拓本

大魏神龟三年三月廿
日比丘尼慈香慧政造
一区记其踪道建常日非
□□□□□□表
□□□□□□□
□□□□□□□
□□□□□□□
□□□□□□□
□□□□□□□
□□□□□□□
速成正觉

古阳洞壁刻

可以说古阳洞的壁刻错综复杂地遍布整个岩壁，甚至没有留下一寸余地。到底是什么内容，目前尚未有详尽研究。整体而言，大致相似，并无特殊的内容，其中图片所示之处，值得特别关注。

图70-1，图片右方树下坐着菩萨，菩萨前坐着大王，似乎在跟菩萨对谈。可能刻画的是摩揭陀国的频毗婆罗大王迎接出家的悉达多太子，劝他不要出家。坐在树下的菩萨，右手放在嘴边，二指张开着。出家的目的是要超越生死，如果除了出家之外还有别的超越生死的方法，就应遵从大王的劝解，不要出家。图中描绘出了诉说重大决心的场景。前面坐的人头戴王冠，侍从拿着大王必备的器仗，估计是频王迎佛图。虽是小图，却画出了以上因缘，可谓成功之作。

图70-2是维摩居士和文殊菩萨问答图，生动地描绘了他们坐在天盖下，口若悬河地辩论的场景。云冈石窟也有两大贤士的问答图，但只有两个。龙门石窟却在数量上骤增。

图70-3显示的是天平三年（731）邑会造的小佛龛，位于北壁此小龛的上部，一左一右刻有维摩和文殊的对面图。这个图形可谓龙门北魏石窟的固定图形，被雕刻在各个小佛龛中。这说明"维摩经"在东晋以后，得到有识之士的广泛好评。（常盘大定 文）

图70-1·龙门·第21窟·频毗婆罗王迎接出家的悉达多太子图·拓本

图 70-2 · 龙门 · 第 21 窟 · 维摩诘和文殊师利问答图 · 拓本

图 70-3 · 龙门 · 第 21 窟 · 天平三年昙会造观世音像一尊 · 拓本

极南窟

  龙门西山第 21 窟（古阳洞）以南有大量不重要的唐代石窟。南端有一个略值观看的石窟，暂且称之为极南窟。洞窟宽 15 尺 5 寸 5 分，深 11 尺 4 寸，天井高约 12 尺 5 寸。后方中央有本尊跌坐于方座之上，但胸部以下尽遭破坏，只留下了丰满美丽的面貌。像高约五尺，左右两罗汉的头部皆失，左方躯干犹存。但因苔藓侵蚀，技法已难辨认。右方大半损坏，看不到全貌。左方的胁侍菩萨像当初就没有，右方的菩萨站在八角座上，姿态堪称优美至极，可惜头部被盗走。左右壁面刻出了二天王像，左方的头部丢失，右方的仅缺失左手，近乎完整，但也受苔藓侵蚀，严重损害了外观。南壁东端有一个佛龛，内部刻有一尊立佛，但缺少头部。本尊左右的其他壁面，往往刻有小佛龛，且本尊左侧有两座小型七重塔，左罗汉的左侧有一个小型七重塔。本尊左边的岩壁虽有刻铭，但无年号，南壁小佛龛内有"口口八年"的字样，但无年号。从此窟内部佛像的样式看，估计是高宗时期的作品。（图 71-1、图 71-2）（关野贞 文）

图 71-1 · 龙门 · 极南窟 · 本尊

图 71-2 · 龙门 · 极南洞 · 口口 · 右胁侍菩萨

东山石窟寺左窟

石窟呈长方形，宽27尺2寸5分，深20尺，本尊为高1丈6尺之坐像，坐于方座之上，为唐代初期的作品，后世多有修补。四面岩壁上刻有千体佛，直到天井，各高1尺许，坐于莲花座上。天井呈穹状，中心雕刻有莲花。石窟前面建有矮陋的砖造小屋。（关野贞 文）

图72-1 本尊像为明治三十九年（1906）冢本氏拍摄。大正十一年（1922）常盘拍摄的时候（图72-2），已变得形态丑陋。（常盘大定 文）

图72-2·龙门·东山石窟寺·左室中庭·本尊·大正九年照片

（图片标的是左室中庭三尊中的中尊，这是左室中庭本尊之误）

图 72-1・龙门・东山石窟寺・左室中庭・本尊・明治三十九年照片

东山石窟寺右窟

此窟在左窟的北侧。宽 21 尺 5 寸,深 19 尺 5 寸,后壁有本尊释迦的倚像。相好端严、姿势齐整、衣纹稳健,实属初唐时期的杰作。本尊的后壁刻有扆障,有中印度笈多式之余影,优雅美丽。本尊左右有胁侍菩萨像,亦优雅美丽,但腰部以下尽遭毁坏。后有宝珠形美丽背光。(图 74) 石窟四周腰壁刻有《金刚般若经》,南北壁各刻 8 个,东壁 10 个,总计刻有 25 个传道祖师,其旁刻有赞语。姿势技巧很值得一看,可惜头部尽失。(图 75-1) 此窟的腰壁刻满了千体小佛。天井呈穹状,中央有莲花,四周有飞天、云彩。且石窟中央皆有低矮石坛,石坛上安放着三尊佛像。中尊坐于方座上,左右尊各坐于八角座上,皆初唐杰作,台座的雕饰亦丰富华丽。(图 73-1、图 73-2)(关野贞 文)(图片所标的左室应改为右室)

图 75-1·龙门·东山石窟寺·右室腰壁·传法二十五祖的一部分

图 74-1·龙门·东山石窟寺·右室壁刻·本尊

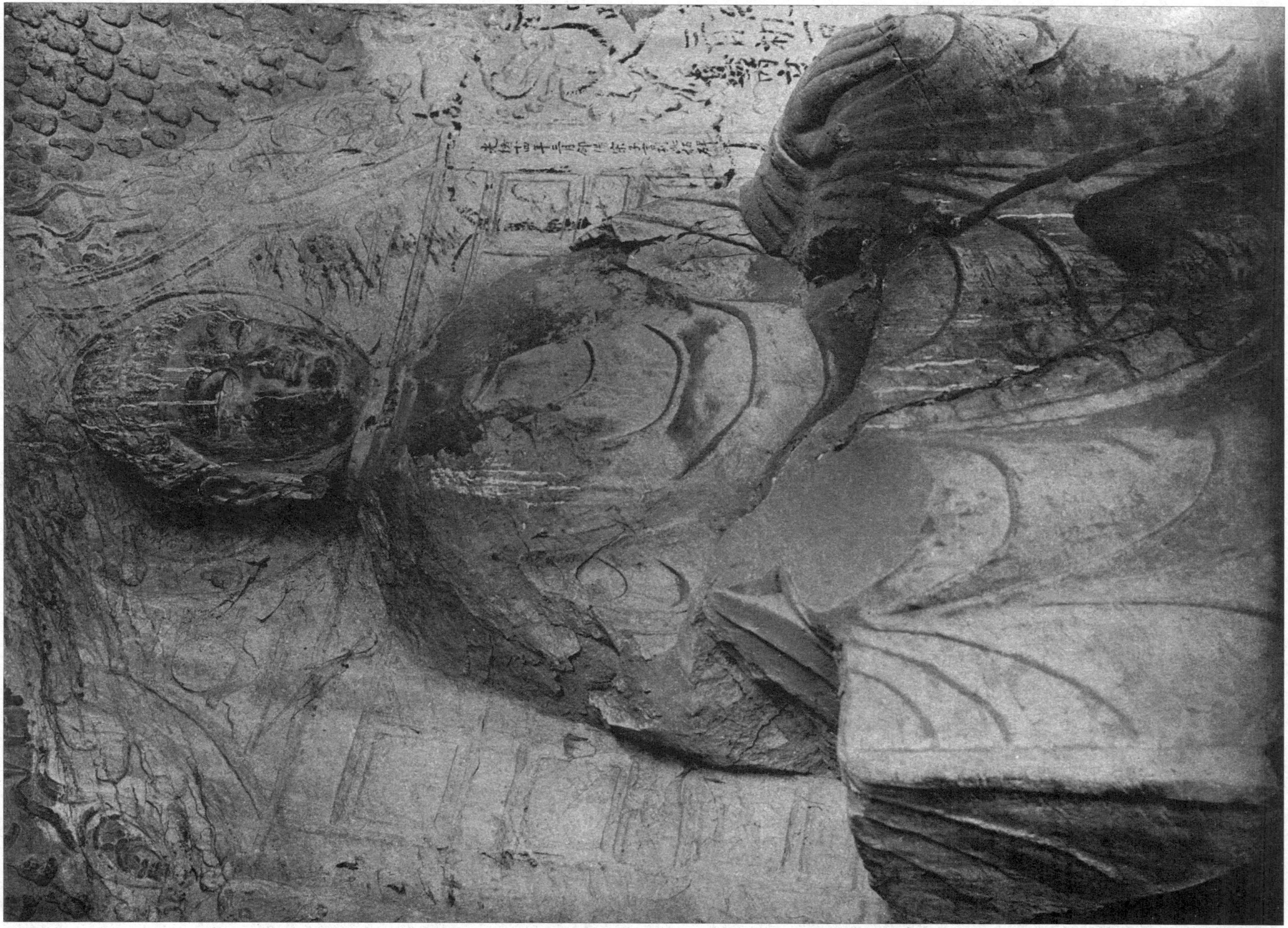

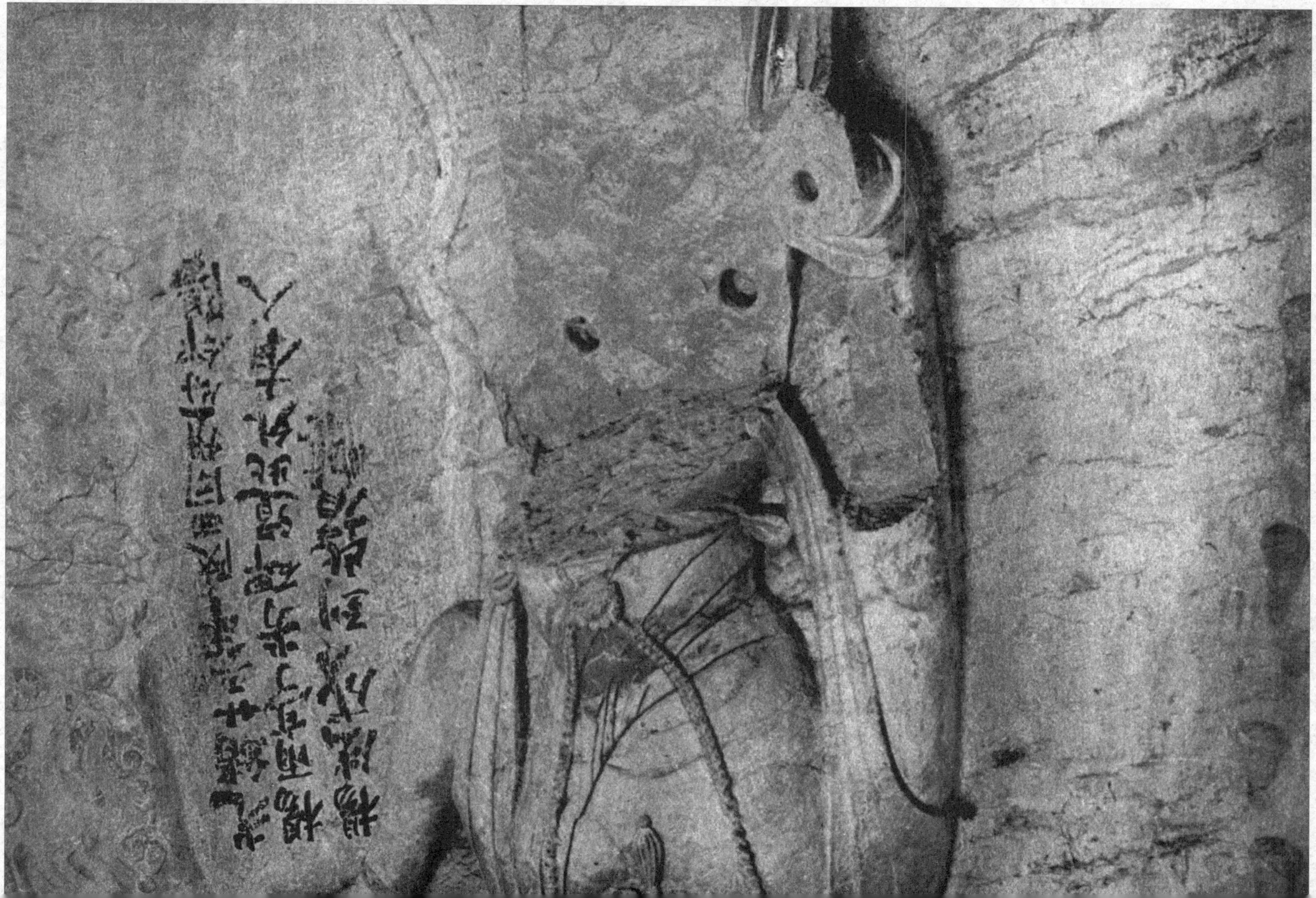

图 74-2 · 龙门 · 东山石窟寺 · 右室壁刻 · 右胁侍菩萨

图 73-1·龙门·东山石窟寺·左室中庭·三尊中的一尊

图 73-2·龙门·东山石窟寺·左室中庭·三尊中的一尊

东山石窟寺附近小窟

此窟宽16尺2寸，深13尺3寸5分，本尊倚坐于高约2尺之坛上。在南北两壁，左右刻有两罗汉、两菩萨和神将。其空隙处大都刻有小佛龛。天井呈穹状，中央有莲花，四周刻有飞天，极为优美。总之，此窟为初唐杰作，菩萨虽失去了头部，其他部位保存较好，特别是神将像，饱有雄浑之风。（图75-2）（关野贞 文）

图 75-2・龙门・东山石窟寺・附近小窟・左胁侍菩萨及天部

龙门广化寺碑

（一）西山广化寺三藏无畏不空法师塔记
开元二十五年岁次丁丑中秋八月吉旦刊

此拓本是为了确认龙门广化寺内有密教教祖善无畏三藏的全身塔。据此可知，善无畏原为释种（译者注：释迦牟尼佛的种族，即属刹帝利种。古代印度王族和军事贵族），甘露饭王之后裔。让渡王位后出家。道德名称为天竺之冠。四处宣扬佛法，且每次必有异象。开始是在乌荼国讲遮那经，忽然于空中显现"毗卢遮那"四大金字。某年，在师子国，跟从普贤阿阇梨求开十八会金刚灌顶及大悲胎藏建坛之法。国王某日调教大象，群象骤然大乱，无人能挡。不空法师随即于路边安坐，狂奔的象群看到不空法师，皆跪伏在地，顷刻间全都离去。不空法师于开元二十三年（735）九十九岁圆寂。皇帝下诏给鸿胪承李现，监护丧事，并在龙门西山广化寺建塔，将其埋葬于塔下。

金刚智三藏于开元二十年（732）壬申八月既望（阴历十六），在洛阳广福寺焚香发愿，顶戴梵夹，并新译教法付嘱讫，寂然而化，寿七十一，腊五十一。其年十一月七日，葬于龙门南伊川之右，建塔旌表，灌顶弟子中书侍郎杜鸿渐，述碑记德，金刚智三藏之塔亦在龙门。（图76-1）（常盘大定 文）

（二）大司农买住资德施财兴福之记

讲经沙门圆觉述大德丙午岁五月二十二日

据此碑文内容，龙门广化寺乃唐朝善无畏三藏之道场。三藏之化在开元年间进行，此时已经去世，埋葬此寺院里。宋熙宁五年（1072），重修寺塔，俱为丰碑。战争之后，只剩孤塔一座。僧徒们盖的草棚，只够遮身。大德丙午年春天，大司农资德大夫中政院使买住公奉圣旨，前往西国萨迦之胜地，大作佛事，欲以此兴邦国。途经河南闻之愤慨，遂捐出私囊钱五百贯，充当工役费。鼎新梵宫，欲以此为国王国民祈福。据此碑文，可知广化寺即善无畏三藏之道场，亦为墓地。至宋末，唯有塔存，元朝大德年间再一次重建。（图76-2）（常盘大定 文）

图76-2·龙门·大司农买住资德施财兴福之记碑·拓本

河南嵩山 | SONGSHAN MOUNTAIN OF HENAN PROVINCE

| LONGMEN GROTTOES OF HENAN PROVINCE | 河南龙门 | □ |
| SONGSHAN MOUNTAIN OF HENAN PROVINCE | 河南嵩山 | ■ |

少室山

嵩山位于五岳中部，故称中岳，名扬中外。由少室、太室两山构成。少室山有三十六峰，太室山有二十四峰，少室山以险峻闻名，太室山以山高取胜。少室山别名御塞山，北面和南面山势迥然。北面犹如天然要塞，南面奇峰擎天。太室山巨峰重叠，东西连绵无尽，实乃天下之壮观。太室山与少室山并称为嵩山。早在三代（译者注：夏、殷、周）之古就已得名。汉武帝登到山顶，北魏灵太后不顾侍卫中崔光之劝

图 77-1 · 嵩山 · 少室山 · 北面

谏，于熙平二年（517）率九嫔公主以下数百人登上嵩山。据文献记载，嵩山同佛教之关系，从三国时代曹魏的护国寺（现在的法王寺）即已开始，到了北魏，有太和八年（484）建造的嵩阳寺、太和二十年（496）建造的少林寺、正光年间建造的嵩岳寺、正光二年（521）建造的永泰寺，还有北魏年间建造的会善寺。会善寺在北魏以后成为修禅道场，亦为受戒灵地。（图77-1、图77-2）（常盘大定 文）

图77-2·嵩山·少室山·南面

少林寺

少林寺位于少室山北面缑山（通称五乳峰）下，距偃师车站75华里的距离。走进寺内，有一条颖河俗称"小石河"，隔河水南侧可仰望少室山。

少林寺创建于北魏太和十九年（495），是孝文帝为跋陀禅师建造的。跋陀或称佛陀，在孝文帝时期来到恒安（现在的大同府），太和十七年（493）随孝文帝迁都到洛阳，被特别安置在"静院"，然他性爱幽处山林，常到嵩岳坐禅修身，故孝文帝下诏为佛陀建造寺院。此乃少林寺起源。

少林寺规模巨大，过桥后首先可见左右碑楼，进入外门，穿过左右林立之石碑，就是天王殿。大雄宝殿坐落在寺院中央。天王殿和大雄宝殿之间，右侧有跋陀殿和鼓楼，左侧有阎王殿和钟楼，还有碑亭。大雄宝殿的后面是法堂。天王殿和法堂之间，右边有祖堂、库堂、客堂，左边有那那殿、库堂、客堂。法堂的背后有别名叫龙亭的方丈室。其左右有翼殿，

少林寺伽蓝配置示意图

东西是官房。方丈室后面是立雪亭。立雪亭后另有院落，前面是佛祖殿，后面是毗卢阁。两殿之间，右边是地藏殿，左边是白衣殿。另外，钟楼前后和法堂的前庭有大量石碑。若将此等石碑连同天王寺外石碑一起研究，可以了解元代以后的寺院史。

寺内右侧（西）是弥勒下生塔，左侧是达摩塔，两塔相对。再往西边走一里地是少林寺墓林。墓林西北 2 华里的高处是初祖庵。初祖庵的背后、五乳峰山腰处有达摩洞。由小石河隔开，初祖庵对面山峰上有二祖庵，二祖庵建在少林寺西南 8 华里左右的高处。

以上统称为少林寺。少林寺内最值得观看的是初祖庵和鼓楼。石碑中最值得一观的是唐太宗御书碑和那那殿内的三碑像石。（图 78-1、78-2）（常盘大定 文）

图 78-1·嵩山·少林寺及五乳峰

图 78-2·嵩山·少林寺·大殿

皇唐嵩岳少林寺碑

碑宽4尺5寸 厚1尺2寸6分 高约13尺
石碑台座长5尺7寸5分 宽4尺2寸9分
高出地面2尺6寸5分

此碑于开元十六年(728)七月十五日建成，螭首方趺。螭首极为雄丽，乃唐碑中之白眉。珪额内，用隶书体刻有"太宗文皇帝御书"七字。额部尖头轮廓，刻有宝相花，但过于纤巧。碑身边缘刻有宝相花，两侧面的宝相花中，点缀有凫、雁、鸳鸯、连雀，下面刻有骑瑞兽之神将。艳丽雄美，唐碑中无可媲美者。大智禅师碑侧的雕饰亦略逊一筹。

碑阴额内亦刻有隶书体"太宗文皇帝御书"七字，其下是楷书"开元神武皇"五字。此隶书题额据说为唐玄宗之御书，额的周缘、碑身的周缘也雕刻有宝相花纹。

碑座中央供有二人香炉，左右刻有神王和其他人物像，两侧面雕刻有宝相花和瑞兽，亦有雄丽之风。

可以认为，此碑为初唐雕刻，为样式及技术最为成熟之时期，其雕饰精艳秀丽，在唐碑中首屈一指。
（关野贞 文）

此碑题为"皇唐嵩岳少林寺碑"，吏部尚书裴漼撰文并书，于开元十六年(728)建成，碑面刻有少林寺史，上部刻有皇唐太宗文皇帝赐给柏谷坞庄园的御书，碑阴又刻有这个御书及赐田的勅令。御书中"世民"二字乃太宗的亲笔。建此碑时，禅宗神秀、惠能皆已入寂，但神秀的法嗣义福仍君临禅家。

碑上刻的少林寺史，对阐明佛教史大有借鉴。碑文大意如下：少林寺为北魏的孝文帝下令所建，位于东京洛阳之郊，大室山之西。缑山北峙，颍水南流。天竺人跋陀到来后，太和年间，皇帝下诏令其住于此寺。跋陀在西台建造舍利塔，塔后建造翻经堂。其时三藏法师勒那尚在。勒那翻译经论，游历刹土（国内）。高僧跋陀继承了三藏的心禅，弟子有惠光、道房、稠禅师等。在传播圣业中，稠禅师探求正法，住持塔庙。惠光的弟子有僧达、昙隐、法上法师等十德，有十英之称号。到了周武时代（译者注：北周武帝）被卫元嵩的说辞迷惑，中断了释老（译者注：释迦和老子佛教和道教）的教导，毁折全国的伽蓝。在明皇帝（北周静帝）大象年间（579—580），再次恢复佛像及天尊像，在两京各建寺院一座。被孝思改名为陟岵。洛中的陟岵寺即是此寺。隋朝高祖时期改为旧寺名，仍叫少林寺。开皇年代（581—600）赐给100顷柏谷屯地，到了大业末年（616）被山贼放火，众多建筑毁于一旦，唯有灵塔巍然屹立。寺院西北50里有柏谷墅，被王充（译者注：应为王世充）占据，利用地势险峻乘机发兵包围洛邑。唐初太宗文皇帝举义时，寺僧志操、惠（王昜）、昙宗等率领众僧，击退叛逆，以表忠顺，并擒拿王充之侄仁则。太宗嘉奖其大义赐田40顷，水碾一具，这就是柏谷庄。北周大象年间，寺院恢复之初，选沙门中德业卓然者，菩萨僧120名。惠远法师、洪尊律师也在其列。唐贞观（627—649）后，又增加了明尊慈云、玄素、智勤律师等。

以上是少林寺创建以后至唐初的概况，其后的少林寺同唐朝廷之关系以及寺门明僧之事迹在此省略。文中先记述了造跋陀塔及翻经堂之事，其次为勒那三藏的到来及翻译佛经，并述一定要在此堂内翻译经书之缘由。此事实未在唐道宣的《续高僧传》中记载，但将跋陀定为明禅高僧，列举出惠光、道房、稠禅师等弟子，同《续高僧传》记载一致。

北周大象年间，复兴佛教、道教二教时，在东西两京建造了陟岵寺。设菩萨僧120位，此事实可从其他文献中得知。但由此碑文可知，东京洛阳的陟岵寺即少林寺。菩萨僧120人中，包括慧远、洪遵等得道高僧，这一事实通过此碑可以了解。惠远是以静影之名而闻名的博学大师，洪遵是四分律宗的大家，当时他们当然都在此寺。惠远、洪遵在少林寺之事，到了唐代成为此寺设立戒坛之基础。建此御书碑的理由，实际上为表彰被御赐柏谷坞庄一事。趁隋末天下之乱，王世充占据柏谷墅并屯兵时，寺僧大举破之，并擒拿了王世充的侄子仁则（石碑阴面的御书碑记里写的是擒拿王世充），表明要归顺唐太宗，反对叛逆。太宗嘉奖众僧，赐予柏谷庄。这些也是由此碑初次得知的史实。之后少林寺则以少林拳法名扬天下。

文中跋陀的名字出现三回，铭文中还有"跋陀降德，稠公有邻"刻字。有关达摩，铭文中只插入"复有达摩禅师，深入惠门，津梁是寄，弟子惠可禅师等，玄悟法宝，曾托兹山"等六句。少林寺的奠基者跋陀原本为禅道之人，其弟子有道房，有年少的慧光，还有僧稠（译者注：僧稠初从道房），其中慧光从跋陀那里继承了禅法，除了将其向外传播外，还初次从菩提流支、勒那摩提那里传译下来《十地论》，并设置了译场。因为探明了《十地论》，被誉为地论宗的祖师。那里第一次成为学者讲学的地方，他又研究"四分律"，成为四分律宗的祖师。僧稠在深山幽谷经过多年苦练修行，在跋陀面前将其所悟讲明，被赞为"葱岭以东，禅学之最"。并在跋陀的指示下住进嵩岳寺。另外，慧光、僧稠等人将跋陀称为祖师三藏。据说菩提达摩南下入少林寺，面壁九年，通常指梁的普通元年至大通二年（520—528），即北魏的正光元年（520）至永安元年（528），故少林寺建寺二十四周年，恰好为嵩岳寺创建之时。少林寺有跋陀禅师，嵩岳寺有僧稠禅师，可推测时代恰好为达摩面壁九年的时期。但是达摩与跋陀、僧稠之间的关系，无论是依据《僧传》还是此碑文，皆毋庸置疑。

唐朝的玄奘三藏，生于少林寺的西北岭下的凤凰谷陈村，位于缑氏县的东南，显庆二年（657）要求到少林寺翻译经书，未获允许。三藏欲在此翻译经书，是因为羡慕远方的菩提流支的译经轨迹。《慈恩传》第九章里写道：

后魏孝文皇帝，自岱徙都洛阳，于少室山北，造少林迦蓝。因地势之高卑，有上方下方之称。都一十二院。东据嵩岳，南面少峰，北依高岭，兼带三川。耸石巘岩，飞泉萦映。松罗共筼筜交葛，桂柏与杞梓萧森。壮婉清虚，实域中之佳所。其西台最为秀丽。

即菩提流支译经处，又是跋陀禅师宴作之所。有遗身之塔。大业之末，群贼以火焚之，不然。远近珍异。

秀丽的西台是指寺域内高台，现今已无任何建筑物。玄奘将其作为跋陀宴坐之所，又将其作为流支译经之地。流支的译经即《十地论》的翻译。《续高僧传》"玄奘传下"中写道：

下近有少林寺，即魏孝文所立。是翻十地之处。意愿栖托，为国翻译。

综合这两本书，再与寺碑对照可知，少林寺的西台，即勒那及流支两位三藏翻译《十地论》之处。且寺碑上所写的跋陀造的舍利塔，实际为跋陀遗身之塔。

两书最令人注目的是，书中描述少林寺之时都没有提及达摩。至少玄奘并不认为达摩与少林寺有重大关系。道宣在《续高僧传》达摩条中提到，达摩到达宋境南越，最后北渡至魏，所到之地传教禅道，但诽谤之人颇多，而且未提及面壁之事。唐初《慈恩传》《续高僧传》皆未提及达摩同少林寺之关系。此碑文应为首次提及两者关系。且自始至终将跋陀作为正宗，只把达摩作为附属，其中潜在着佛教史上的重要问题。（图79、图80、图81、图82）（常盘大定 文）

图79·嵩山·少林寺·唐太宗皇帝御书碑

图 80-1·嵩山·少林寺·唐太宗皇帝御书碑·拓本·表面

图 80-2·嵩山·少林寺·唐太宗皇帝御书碑·拓本·背面

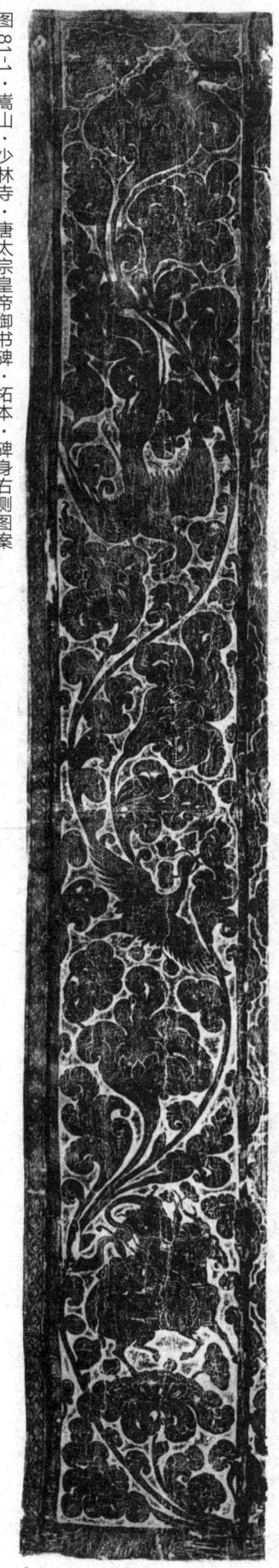

图 81-1·嵩山·少林寺·唐太宗皇帝御书碑·拓本·碑身右侧图案

晚清民国时期中国名胜古迹图集·第贰卷·河南嵩山

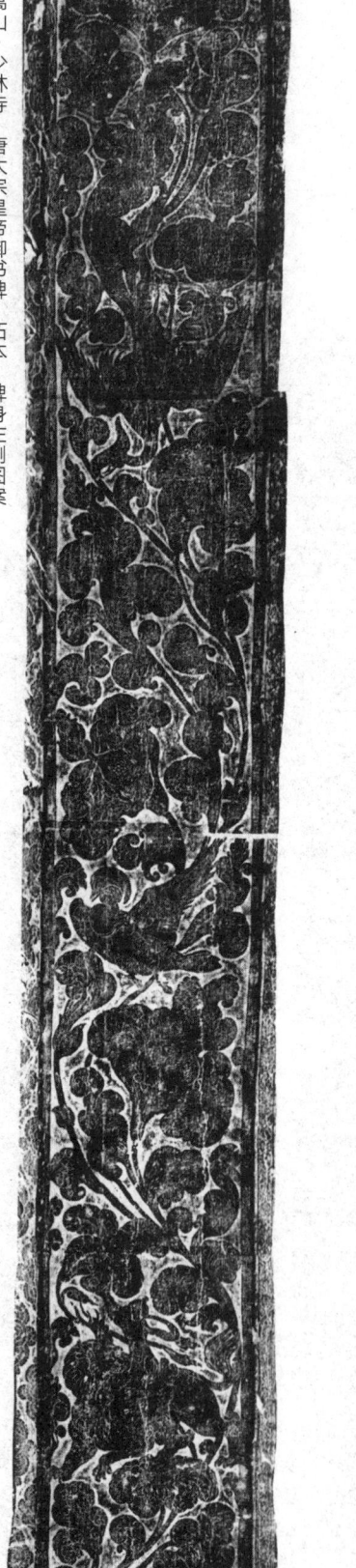

图 81-2·嵩山·少林寺·唐太宗皇帝御书碑·拓本·碑身左侧图案

图 81-5·嵩山·少林寺·唐太宗皇帝御书碑·拓本·碑跌左侧雕刻

一九六

图 81-3 · 嵩山 · 少林寺 · 唐太宗皇帝御书碑 · 拓本 · 碑趺正面雕刻

图 81-4 · 嵩山 · 少林寺 · 唐太宗皇帝御书碑 · 拓本 · 碑趺右侧雕刻

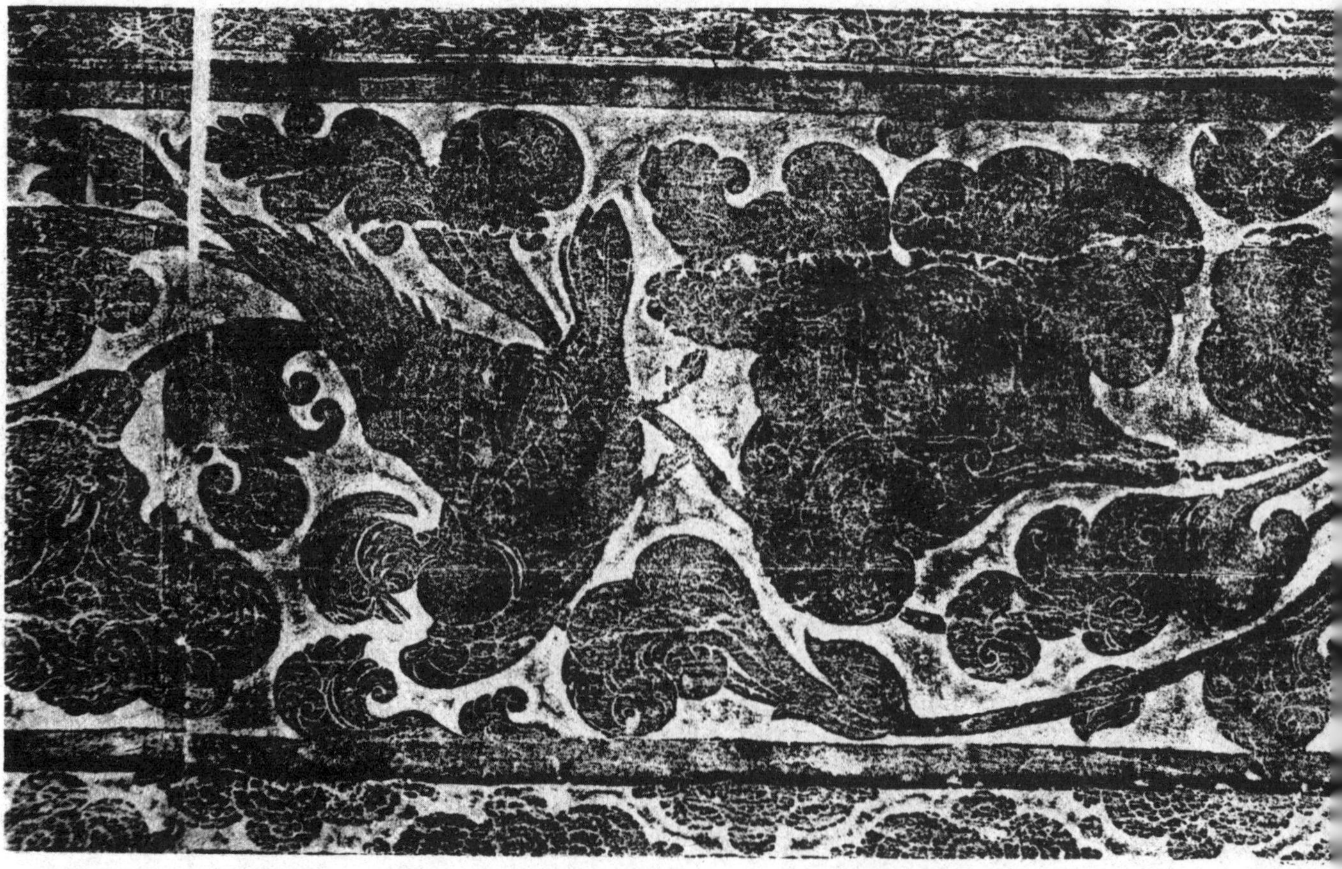

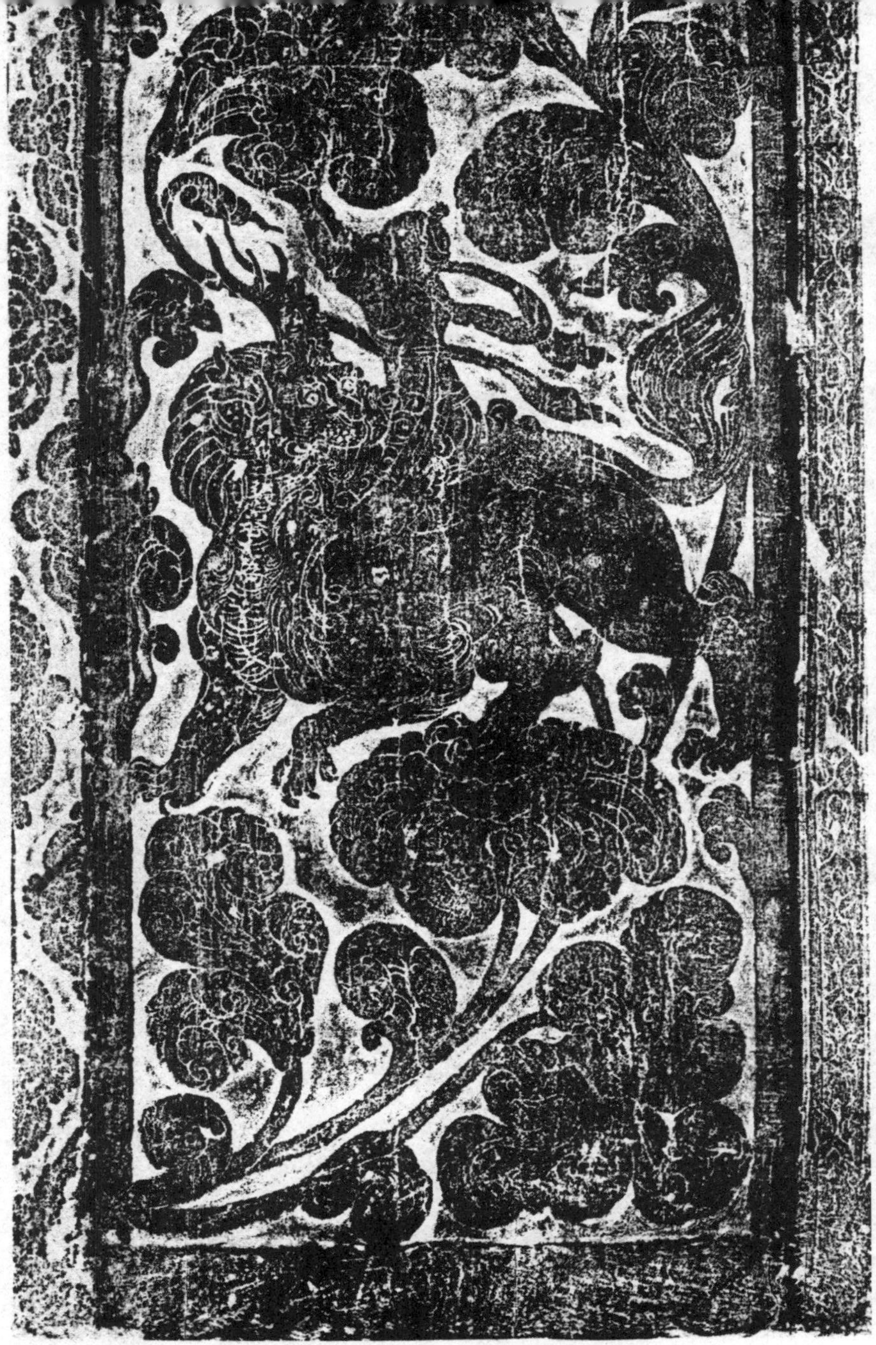

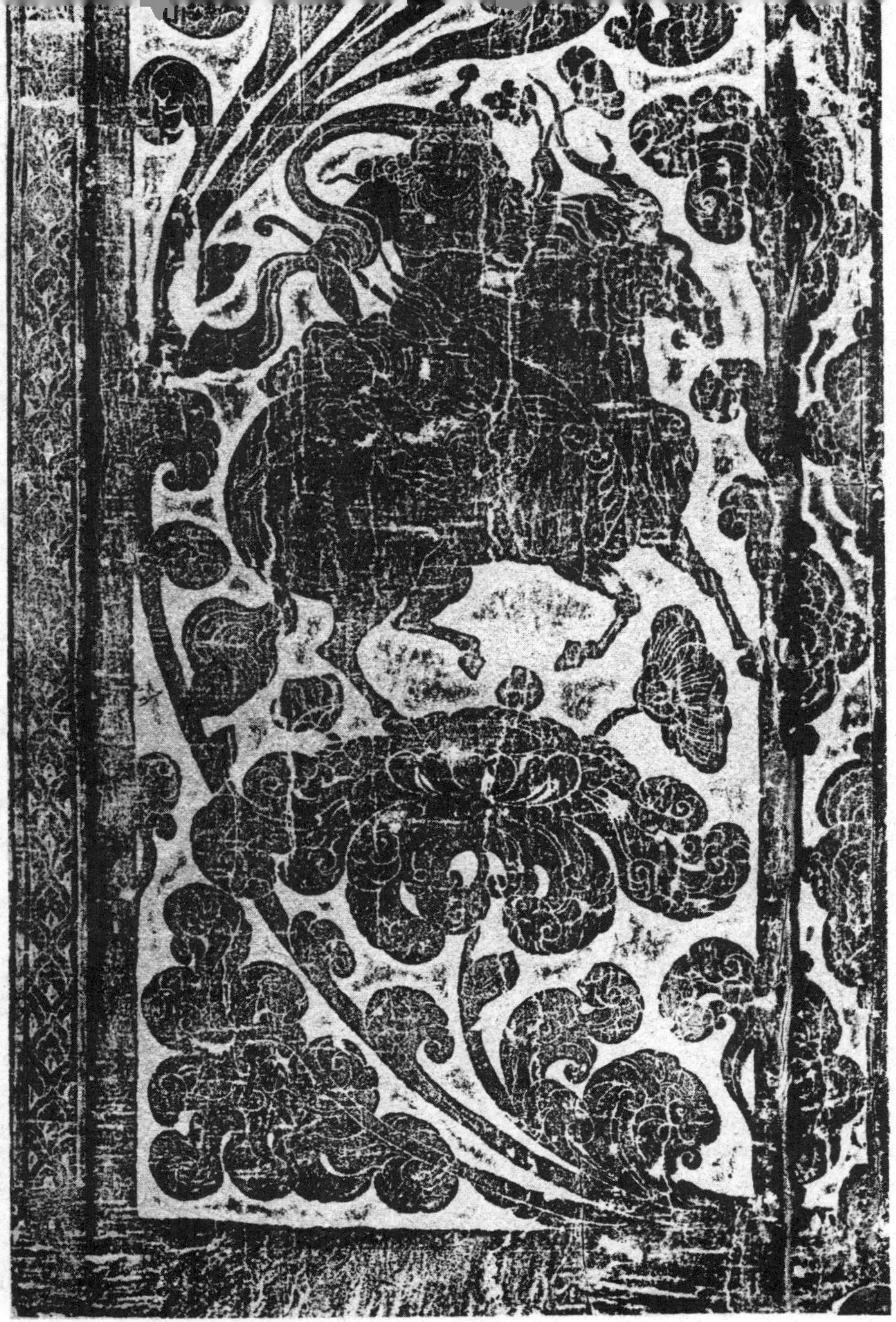

图 82-1 嵩山·少林寺·唐太宗皇帝御书碑·左侧图案一部分·拓本

图 82-2 嵩山·少林寺·唐太宗皇帝御书碑·右侧图案一部分·拓本

少林寺东魏造像石

宽1尺9寸6分　厚7寸5分　高3尺2寸

现今造像石在寺院紧那罗殿内，立在后人所做的基石上。正面造有半圆顶佛龛，内刻释迦三尊像，手法精丽。上面列有小的七佛龛，下面刻有香炉、狮子以及供养道俗图。

两侧面的上部刻有阿弥陀如来像，其上为两层天盖。左侧佛像下面刻有造像铭，写着大魏天平二年（535）比丘洪宝所造。

后面刻有六行七列小佛龛，中央刻有两佛并坐佛龛，旁边刻记着每个佛像的名字及供养主的名字。

（关野贞 文）

根据铭文可知，务圣寺的比丘洪宝记录有檀主张法涛的拾宅造寺，及其子荣迁修和的刊石造像的功德。张法涛的拾宅造寺在熙平二年（517），洪宝的铭记在天平二年（535），其间相隔18年。碑正面下方及左右分别刻有比丘僧洪宝、比丘尼慧润的像及名字，还添刻了录事参军张法涛、张录事参事妻卫清姬的像及名字。

碑身左右两侧有刻字，上层刻有年月及其他文字，但已模糊不清。中央部分左右两侧为造像主之名，记录了此像为何人而造。碑阴的刻字有六行，刻有佛名和造像主之名。佛名中的南方宝相如来、东方阿閦如来、北微妙声佛、西无量寿佛是《金光明经》中所说的四方四佛，其下部刻有造像者之名。（图86）（常盘大定 文）

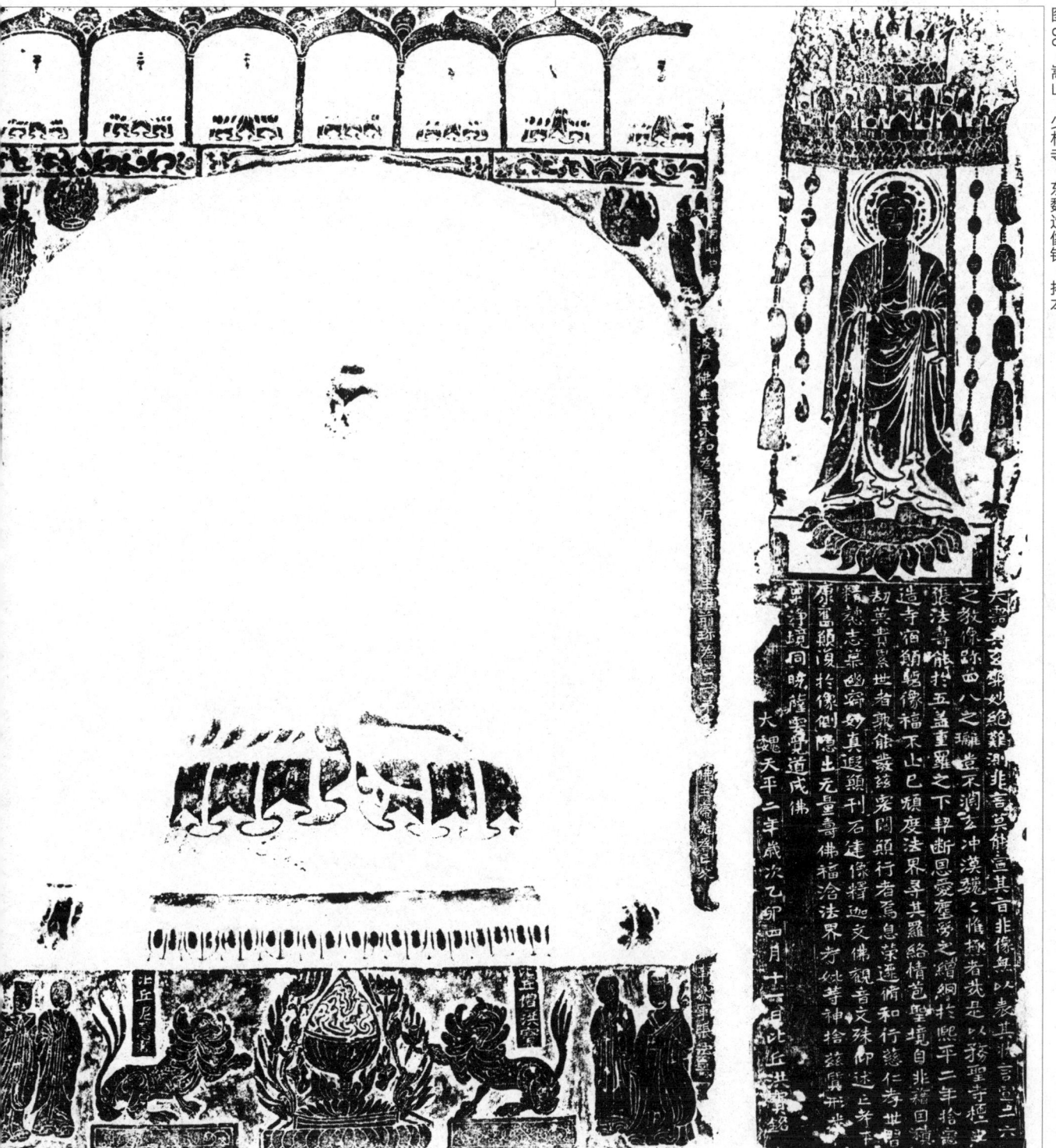

图86・嵩山・少林寺・东魏造像铭・拓本

少林寺北齐石刻三尊像

　　背光宽 2 尺 8 寸 5 分　高 4 尺 6 寸 5 分　厚 3 寸
　　此石刻像亦在紧那罗店内,刻有"大齐天保八年岁次丁丑十一月二十九日"的刻铭。珪形的背光面,以浮雕手法刻有释迦三尊像。本尊高 3 尺 4 寸 5 分,面相温和,按比例体躯略显低矮,衣纹褶襞劲健,由此可以看出北魏式的余影。左右两菩萨站在从本尊脚下派生出的莲花上,按比例体躯也略显低矮,相貌好,衣纹亦宛如北魏式样。背光为平板,其图样乃后世所绘。天保八年是公元 557 年。(图 84)(关野贞 文)

图 84 · 嵩山 · 少林寺 · 石刻三尊像

少林寺北齐碑像

宽度：下1尺9寸6分、上2尺、厚5寸、高4尺9寸

此乃碑形造像石，建在方趺上。碑身中央刻有释迦如来坐像。释迦如来坐于方座上，衣裾遮盖座椅前方，手法雄劲。奇异人物雕像彼此相依，蹲着支撑方座。上面刻有莲花拱、蟠龙、飞天，左右有两罗汉、四菩萨，下面有香炉，两旁有狮子及金刚力士像。碑头刻有螭首，手法刚健古朴。中央造有佛龛，内有三尊佛像。（关野贞 文）

碑身周边有刻字，上部刻有"武平二年十一月二十七日，用钱五百文，买都石像主一区，董伏恩"云云。

碑阴螭首额内刻有龙华树下的弥勒下生像，碑身刻有造像铭及供养者之名。开头刻有"大齐武平元年二十六日"，据此可知，此碑像的制作在武平元年和武平二年（570—571）之间。正面碑身上部边缘刻有"弥勒下生主石方喜弥勒下生主董相胜、弥勒下生主董通达"，由此可知碑阴的弥勒下生像。碑铭中别体字甚多。据此文可知，大都邑主董洪达率领邑徒四十人，寻求蓝田美石，为皇室的万世昌盛、为存没之父母、为亲朋好友皆能得到善报，造了此石佛。铭文为邑师比丘口敢之作品。（图85、图83-1、图83-2）（常盘大定 文）

图 85 · 嵩山 · 少林寺 · 北齐碑像

图83-1·嵩山·少林寺·北齐造像铭·拓本

图 83-2 · 嵩山 · 少林寺 · 北齐造像铭 · 拓本

少林寺鼓楼

少林寺天王殿之内，大雄殿之前，东有钟楼，西有鼓楼，巍然相对。特别是鼓楼，建于元大德年间，在中国属稀少的古建筑。只可惜楼顶破烂，楼檐散落，荒废至极，岌岌可危。

鼓楼为方三间的三层建筑，第一层因绕有裳层，乍一看如同四层。裳层为方三间，中间的一间为20尺6寸5分，左右间为11尺4寸。里面的柱子为石造方形，但正面入口的左右两侧特别用了八角石柱。除入口处，四壁皆为砖砌。具体到斗拱，裳层是二手先（译者注：二手先，斗拱形式之一，由柱子外突出的第二个斗拱支撑外横梁），第一层是三手先（译者注：三手先，斗拱形式之一，由柱子外突出的第三组斗拱支撑外横梁），第二层是二手先，第三层是四手先（译者注：四手先，斗拱形式之一，由柱子外突出的第四组斗拱支撑外横梁），是所谓的"柱间斗拱"。再看楼檐，只有第一层是单层檐，其余皆双层檐。斗拱及楼檐层层变化，形态超脱常俗，构成奇拔雄伟之轮廓。各层屋檐皆为瓦砌，特别是最上层属于歇山式构造。

其斗拱有着尾棰拳鼻，接近于所谓的唐式（译者注：日本国的中国样式）。肘木的刨形和日本样式相同。正面入口处两边的八角柱上，在云龙或牡丹唐草里有着凤凰、孔雀、唐儿的薄肉雕，非常富丽。北柱刻有如下铭文：

偃师县岳家滩居住，安善人郁氏，施财营石柱一条，集斯善利，用荐二亲，父郁校尉，母常氏，愿早生佛界。

大德四年七月□日

南柱刻有如下铭文：

河南居住，奉佛安善人，蒋家门下石氏，营花石柱一条，允保儿男观音奴，药师奴，泊自身，吉祥如意者。

大德六年六月□日

据此可知鼓楼的正确年代。（图87、图88-1）（关野贞文）

鼓楼平面图

图88-1·嵩山·少林寺·鼓楼石柱（北）·拓本

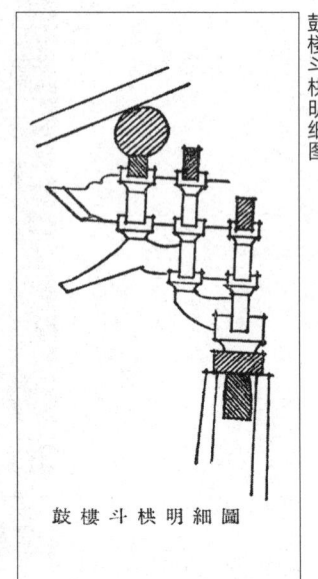

鼓楼斗栱明细图

图 87 · 嵩山 · 少林寺 · 鼓楼

初祖庵

此庵建于少林寺西北二里的山丘上。前殿规模不大，以前后殿为主，另有若干附属小建筑，其内外有若干石碑。初祖庵又称面壁庵。后殿的内壁嵌有小碑，上面刻有金朝李纯甫撰写的《重修面壁庵记》及《新修雪庭西舍记》，皆为兴定四年（1220）撰写。李纯甫是儒林学者，通晓佛教道教，其思想虽然不为当时学界所容，但他并不偏执，乃出类拔萃之人物。

（常盘大定 文）

前殿于宋代宣和七年（1125）重建，作为可确定年代之建筑物，应为中国最古木造建筑。大殿正面侧面均为三间，建于石坛之上，殿前铺有石头台阶。柱子是石造八角柱，底部粗，朝上变细，中部没有鼓肚。侧柱上或宝花草中，刻有佛像、飞天，在牡丹、唐草中刻有伽陵频伽、凤凰、唐儿等，为浮雕，富丽豪华。内阵周围的四根柱子，外面刻有四大天王像及云龙，里面刻有灵凤、蟠龙等，最为雄丽壮观。东南柱刻有宣和七年（1125）的铭文，为我们提供了判定建筑年代的有力资料。铭文如下。

广南东路，韶州仁化县，潼阳乡，乌珠经塘村居，奉佛男弟子刘善恭，谨施此柱一条，回向真如实际，无上佛果菩提。四恩总报，三有齐资。愿善恭同一切有情，早圆佛果。大宋宣和七年佛成道日，焚香书。

另有明朝嘉靖七年（1528）的追刻，西南柱上也有嘉靖的题名。

斗拱是一种诘组，肘木与我们所谓的"和式"相似，但延伸了尾棰的后部，支撑着内部构造。还有彩绘的梁托和简单的拳鼻。这和日本的唐式模样一样，和镰仓时代建成的圆觉寺舍利殿相似。檐是二重垂木，由圆形地垂木和方形飞檐垂木组成，与日本的奈良及平安时代的手法相似，只有檐角为扇棰构造，同日本的唐式、天竺式的形式一样。（图89、图90-1）

墙壁正面柱子和柱子中间的外部为砖砌，侧柱被裹在里面。后面中央的柱子之间当初有门，现在用砖给堵住了。内外都在壁脚处用石材薄肉雕着比丘、龙、麒麟和牛，比丘在大海波涛中，技巧精练。（图90-2）歇山式屋顶由瓦砌成，屋脊正脊两端建有两个鸱吻，可惜现在西面的已缺失，正脊的中央有放置宝珠的痕迹。

内部地面铺瓦，正殿为格子顶，入口侧无天花板，直接露出了房顶构架。壁面画有画像，在斗棋、天花板上绘着彩绘。皆为后世修补。正殿中央有木制须弥坛，手法与日本的禅宗寺院风格相似。（图91）

总之，此建筑物于北宋末再建。形态庄重，细部雕饰最值得观看。特别是与日本禅宗寺院风格相似，若要探究彼此的关系，初祖庵作为中国现存最古的木造建筑之一，具有很高的价值，不仅如此，在东亚建筑史上也可谓珍贵标本。然而，现在没有僧人居

少林寺初祖庵本殿平面图

少林寺初祖庵本殿平面圖

住，已荒废至极。屋破檐落，危在旦夕，可是僧侣们不知其珍贵，任凭其废颓，实在可惜。（关野贞 文）

唐代的玄奘三藏出生于少林寺西北岭下缑氏县东南凤凰谷陈村。《慈恩传》中，少林寺的叙述之后有如下文字：

其西台最为秀丽，即菩提流支译经处，又是跋陀禅师宴坐之所，有遗身之塔。

康熙五十年（1711）写成的《说嵩》中，将此西台作为跋陀翻译经书之处，又是菩提流支讲经之处，说此地有甘露台及舍利存在，关于甘露台，书中写道："台砌柱础，琢石为之，镂刻精巧，非近代制，夺于羽流，乃祀真武。"关于舍利塔，书中提到，里面藏有佛舍利。根据《慈恩传》，应将"跋陀翻经，流支讲经"订正为"跋陀的坐禅，流支的翻经"，所说的舍利塔，应该是跋陀遗身之塔。《说嵩》中，将此西台区别开了，进而在西北设置初祖庵，由此看来，西台是存在于寺域中的丘阜，此台在康熙时代已是道教徒的领地，现今已废止，毫无遗留。《慈恩传》的记述中需要注意的是，它举出了跋陀、流支，却没有记述菩提达摩，这至少说明玄奘不重视少林寺和达摩的关系。

达摩九年面壁的故址，如若从少林寺域中有雪亭来看，应该在少林寺。如若从初祖庵被称作"面壁庵"来看，应该在初祖庵。且初祖庵背后的五乳峰山腰处有达摩洞，此处，也可以认为是故址。年代久远而史迹不详，而且传说逐年增多，今日难以下定论。初祖庵大概并非宋代首建。（常盘大定 文）

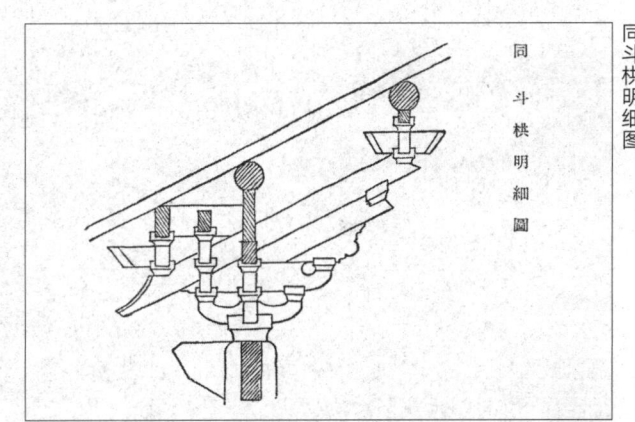

同斗栱明细图

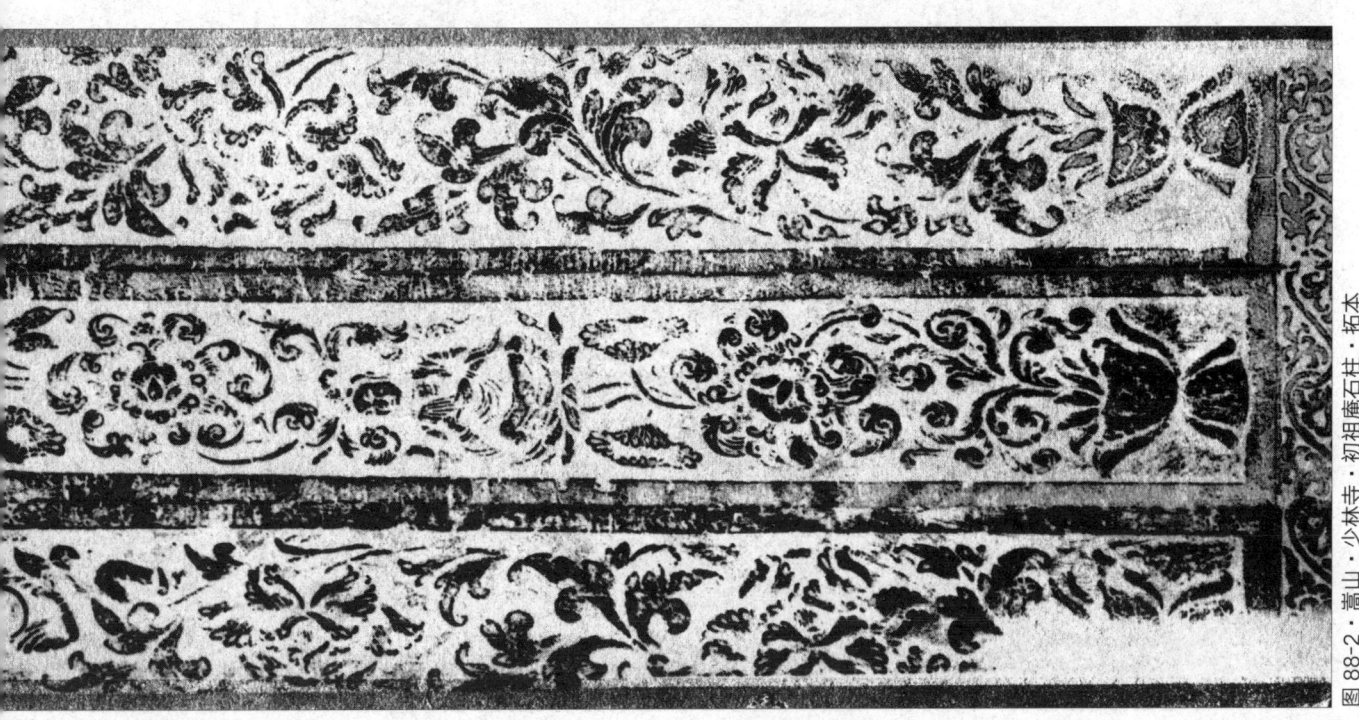

图 89 · 嵩山 · 少林寺 · 初祖庵

图 90-1 · 嵩山 · 少林寺 · 初祖庵

图 90-2 · 嵩山 · 少林寺 · 初祖庵 · 壁脚阳刻 · 拓本

图 91·嵩山·少林寺·初祖庵内部

少林寺开山裕公之碑

此碑位于少林寺内钟楼之后。翰林学士程钜夫撰文，集贤学士赵孟頫书丹，嘉议大夫郭贯篆额，皆奉旨而作。由门人慧庆发愿，住持普就及集贤大学士陈显，在元代仁宗延祐元年（1314）建立。作为少林寺开山鼻祖及曹洞宗正系，同时作为当时的佛道争论的对象，裕公在中国佛教史上占有重要位置，此等事迹多可依此碑来阐明。（图92）

裕公是"福裕"的简称，字好问，以雪庭自号，山西太原水文张氏之子。幼年被叫作"圣小儿"。幼遭世变，茕然无依。道逢老比丘，劝以学佛，拜谒休林老和尚出家，同双溪的广公一样执事七年，随后游历至燕（译者注：燕，北京），从师万松老师十年，修行得道，名声在外。依潜邸（译者注：非太子身份继位的皇帝登基之前的住所）世祖之命，于乙巳岁（1245）入住少林寺。当时嵩山少林寺被烧成灰烬，众僧无法居住。裕公的法德不仅使之复兴，且使嵩阳的诸刹呈现出金碧一新的景观。至元八年（1271）皇帝下诏，全国僧人集结京都，传承裕公嗣法之人达三分之一，盛况空前。时人赞曰：嵩山重现祖师，倡导佛教。

裕公三阅藏典，咏诵并传给弟子，没有倦色，这说明他不是一般的禅僧。裕公的时代，是新道教全真教的鼎盛时代。全真教教主李志常占有佛寺四百八十二所。而把这些情况奏请皇上，要求恢复佛教的实为裕公。事情发生在宪宗五年（1255），当时道流用镂版传播老君化胡成佛经以及八十一化图。为此，两教之间纷争激烈，裕公将众多道观改为佛寺，并与祥迈长老等齐心协力，焚毁了道藏中诋毁佛教的伪经。裕公奉命担任总领释教都僧的重任，并因此功被赐与"光宗正法"的称号。碑文中"省之符优，复僧尼，得废寺二百三十七座。庚申世祖即祚，因论辩伪经，驰驲以闻火其书"的记载，即指此事。祥迈长老奉皇命撰写《辨伪录》五卷，收入在《佛祖通载》第三十三卷。

裕公之师万松，名行秀，为著名《从容录》的作者。万松的学德使长期沉滞的曹洞宗在短时期内迅速在北方勃兴。裕公继承老师遗志，重振祖庭少林寺，并在此将曹洞宗发扬光大。曹洞宗能维持其法脉实乃裕公的功劳。裕公圆寂后曹洞宗的法系在少林寺流传下来，直至今日。推崇曹洞宗法系的日本佛教徒，一定要牢记裕公的名字。

在此列出从洞山良介到万松行秀，以及从万松行秀到裕公、就公、息庵的关系图。

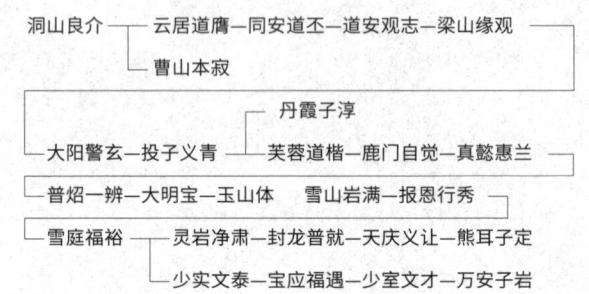

对上表的鹿门自觉，有颇多异说。细分的话，能分出多类，但大致可分为两种说法。

一、芙蓉道楷─丹霞子淳─长芦清了─天童宗珏─雪窦智鉴─天童如净
　　　净因自觉（或者鹿门觉）─青州辨……报恩行秀

二、芙蓉道楷─丹霞子淳……天童如净─鹿门觉─青州辨……报恩行秀
　　　净因自觉

第一说是宋代《嘉泰录》《五灯会元》及明代《增集续传灯录》《禅统世谱》里的观点。按此说法，净因自觉和鹿门觉被归为同一人。从芙蓉道楷开始，经净因自觉或者鹿门觉，到青州辨再到报恩行秀，此乃洞宗之本系。此说法中，丹霞子淳以下的五人属旁系。

第二说将鹿门觉和净因自觉看作两个人，把鹿门觉作为天童如净的弟子，然后经青州辨到报恩行秀。此说中，丹霞的法系为洞宗的正系，而且加上了第五代。此说法，以明代的《五灯会元续略》为发端，《续灯录》《续灯存藁》以及清代《佛祖宗派世谱》《佛祖正传古今捷录》《集续指月录》《宗统编年》《续灯正统》《缁门世谱》《少林寺小山禅师行实》碑阴，少林寺彼岸海宽撰《五家宗派图》碑，《五灯严灯》《五灯全书》皆传承此说。内容虽有不同，但属于同一系统。

上述两说中，第二说属折中观点，现在都遵从较早的第一说。（常盘大定　文）

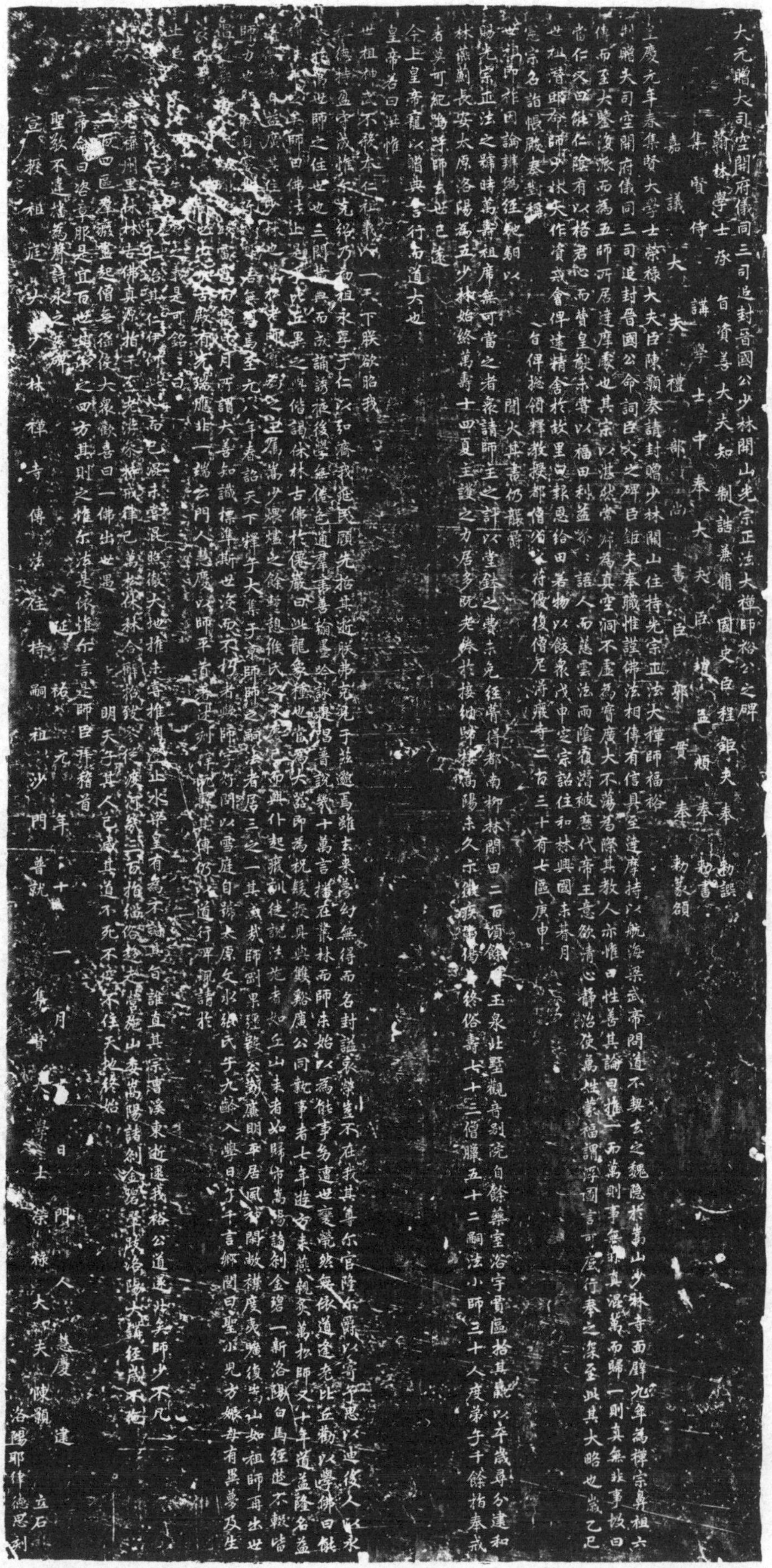

图92·嵩山·少林寺·开山裕公大禅师碑·拓本

请疏碑

请疏碑在天王殿左侧。少林寺主持古岩就公，于元代仁宗皇庆二年（1313）为国焚香修行，为祝圣寿万岁请佛保佑。为了纪念古岩就公，延祐五年（1318），监寺子安为古岩就公立碑。碑文中写道，"伏惟古岩就公大禅师，雪庭亲孙，足庵首嗣"。雪庭指少林寺开山鼻祖福裕，足庵即灵岩净肃。净肃将在山东灵岩寺一节中叙述。碑的列名下面，有花押（译者注：在署名下面添写的将汉字图案化的独特符号）。这在他处未见过，实为珍奇。古岩就公即洞门法系的封龙普就。（图93）（常盘大定 文）

息庵禅师道行碑

此碑在少林寺天王殿外右侧碑列之中。由日本禅师邵元撰文，除此碑外并无他例。元代的至正元年（1341），由住持无为法容等刻立。息庵实为古岩就公继承人之一，雪庭裕公三世的法孙，洞门法系中的天庆义让。据此碑可知，息庵的名字是义让，真定府（译者注：今河北正定县）人。年少时出家，在本府的华严寺相阇梨学习《华严经》。后跟从古岩到封龙山，又随之至泰山的灵岩寺。古岩入少林寺后，又随之至少林寺，最终继承了曹洞宗之禅法。后曾入住南阳的香岩寺、嵩阳的法王寺、洛阳的天庆寺、熊耳山的空相寺、泰山的灵岩寺。至元二年（1336）丙子被迎入少林寺，大张幽玄之风，于至元六年（1340）入寂。其遗骨被埋在少林寺和灵岩寺的塔下。弟子百余人，嗣法者十二人，传教其学德。去世后，藤安要给他树道行碑，到淮（译者注：湖北省应山县）的宝林寺请损庵撰写碑文。损庵以年迈为由推辞，而指示日本禅师古源上人撰写。古源为邵元之号。邵元在息庵门尤久，故熟知大师为人。

《邵元传》在《本朝高僧传》第三十卷中可见。邵

元俗姓源氏，越前（译者注：福井县）人，号古源，继承双峰之法后，来到元朝，在元21年，于贞和三年（1347）回国，先后入住日本京都的大圣寺、等持寺、东福寺、法云寺，晚年退居南泉庵，贞治三年（1364）入寂，享年七十岁。其入元时间为嘉历二年（1327），先去看福州雪峰的樵隐逸，到天台山给无见先觊致敬。离开天台山后又到天目山拜谒断崖义，后又到龙山参拜千岩长，北上到五台山游览，下山后到嵩山少林寺任首座，住在二祖庵，恰逢朝廷选百名僧人到宫中参与《大藏经》的翻译，邵元亦获此殊荣。邵元在元长住21年后，后于贞和丁亥年（1347）回日本。邵元在少林寺的遗迹以二祖庵为最。传说邵元在此期间，寓所上方常有紫云笼罩。在日本不为人知的邵元，却通过此碑在中国留下了千载不灭之英名。碑文中写有"日本山阴道但马国（译者注：今兵库县北部）正法禅寺住持"的字样，但通过下村寿一得知，据若宫贞夫的调查，在但马国内名为"正法寺"的地方有两三处，推测位于出石郡合桥村，但现今已不存在。（常盘大定 文）

碑为圆顶，内有长方形大碑额，上面及左右有浮雕宝相花纹，碑身周围同样刻有宝相花纹，带有纤巧优雅之风。额内阴刻"息庵禅师道行之碑"八个字，为篆书。（图94）（关野贞 文）

图94·嵩山·少林寺·息庵禅师碑·拓本

初祖庵诸碑

重修面壁庵记碑

新修雪庭西舍记碑

初祖庵又名面壁庵,规模虽小却拥有前后两殿,两殿前后有大量石碑。石碑上刻有达摩像、祖源谛本及陀罗尼咒帔,特别是后殿内壁中嵌有金代李纯甫撰写的两块碑。一块刻有"重修面壁庵记",另一块刻有"新修雪庭西舍记",皆为兴定四年(1220)撰写。李纯甫是儒林学者,而且精通佛老学,其思想自由,道义深奥而不偏执,在当时出类拔萃。但因众儒不容其自由思想,一生怀才不遇。这两个碑记皆为短文,却是能够让我们领略到李纯甫学识的上好资料,应视为儒佛两教关系史上的重要资料。这些资料至今还在,对于此领域的研究是值得庆幸之事。《重修面壁庵记》中,李纯甫论述道:"达摩西来传播教外别传,其子孙遍天下,甚至波及学士大夫,暗中支持者不计其数。"随后又写道:

其著而成书者,清凉得之以疏《华严》。圭峰得之以钞《圆觉》。无尽得之以解《法华》。颍滨得之以释《老子》。吉甫得之以注《庄子》。李翱得之以述《中庸》。荆公父子得之以论《周易》。伊川兄弟得之以训《诗》《书》。东莱得之以议《老子》。无垢得之以说《语》《孟》。使圣人之道,不堕于寂灭,不死于虚无。

清凉指华严宗的澄观,珪峰指同为华严宗的宗密,无尽指张商英,颍滨指苏辙,吉甫指吕惠卿,荆公指王安石,东莱指吕祖谦,无垢指张九成。李纯甫的此铭记,受到儒流的指责,故在《西舍记》中辩解说,"宋儒诸先生之排佛,明为排斥,多为暗中帮助"。虽说排佛最甚者为胡寅,但其对手是破戒僧,故李纯甫认为,胡寅的论法同他历诋诸儒一样,并得出结论:佛书的精髓不在于模仿老庄。最后是由十二偈组成的赞文,其中第十一偈如下。

窃吾糟粕　贷吾秕糠　粉泽孔孟　刻画老庄

大胆干脆的说法。此后元代刘祁撰写的《归潜志》中,将此偈作为释迦赞特别举出来,但"孔孟"二字用"丘轲"代替了。此偈特别激怒了儒教徒,现在面壁庵里的此碑,只有"孔孟"二字遭到破坏,已字迹不清。石碑于兴定六年(1222)二月由少林禅寺住持治隆建立。此记被此壁碑保存下来了。此记一出,遭到诸儒教徒猛烈攻击,故李屏山(译者注:李纯甫)在《新修雪庭西舍记》中为之辩护,内容如下。

昔达摩大士,面壁九年,神光宿业儒术,且尚玄学。遂见祖师于此地,立雪断臂方得西来意。尽发孔言外不传之妙,大显于世。士大夫有疑之者,仆作面壁庵记,已辨之矣。此记即出,诸儒有哗而攻仆者。曰,观密二师,固学佛者。李翱、王介甫、吕惠卿、苏子由、张天觉亦佞佛之徒耳。如伊川、东策、无垢诸先生,其视佛老如仇雠。然子以为得佛之道,不亦诞乎。仆笑应之曰,诸先生之书,尚在所谓阳挤而阴助者多矣,真得祖师扫荡之意。学者疑其云云是对疑儿不得说梦也(中略)嘻嘻孔老复生不废吾言矣。遂书此言,以为雪庭西舍记。

此碑亦于兴定六年(1222)二月,由化缘居士王知非所立。记中所说的观密二师,自不待言,是指清凉澄观和圭峰宗密二人。清代的全祖望续修黄宗羲撰写的《宋元学案》之际,将李屏山作为王苏余派举出,读过《西舍纪》后,又在《鲒埼亭集》第三十八卷中评价李屏山是佞佛之徒,他应该没有看过前面的面壁庵记。

李屏山不仅在金代的思想界,在中国哲学史上也是占有重要地位的奇才。虽有元代湛然居士那样的绝对支持者,但几乎遭到了整个儒教界的批判,甚至到了无法出版著作的程度。仅有的出版物也是字句被修改,已经不能完全表达李屏山的思想。鉴于这种情况,这两则石碑记,在李屏山生前,于少林寺的面壁庵内立碑,并被原封不动地保存下来,这在学术界堪称奇迹。能直接看到这两则碑记的学者恐怕没有几个人,希望能永远保存。(图95-2) (常盘大定 文)

图 95-1 嵩山·少林寺·重修面壁庵记碑·拓本

图 95-2 嵩山·少林寺·新修雪庭西舍记碑·拓本

达摩像碑

　　图96刻的是达摩的坐禅像。达摩靠着岩石，端坐在树下铺有落叶的石头上，他的左边（注：原文为"左右"、但图片为左边）有一个包裹。坐像上方有松树，左右有竹草，萝苔纵横，清流滚滚。为人迹皆无的深山。右边特地留了五段余地，左边却没有。从构图角度看有些偏。也许在此曾画有达摩之后的五祖，但都剥落了。这里曾是文字还是图画，已无从判断。但是再深想一下，如果这里有图画或是有文字的话，与之相对的左边（译者注：原文为"右"，应是"左"之误）也应该有同样的构图，故最初只有右边存在余地。这意味着五块余地代表墙壁，即面壁之意。但这五块余地中既像云烟又像山狱的图画到底有何深意，还是今后的课题。（常盘大定 文）

图 96 · 嵩山 · 少林寺 · 达摩像碑 · 拓本

达摩祖归只履西归相碑

达摩祖师芦叶渡海相碑

图 97-1、图 97-2 是达摩西归图和达摩渡海图的拓本。

"达摩祖师只履西归相"中,祖师戴着耳环,右手食指挑着一只履,左手拿着拂子。

上面有两则偈赞,具体如下。

太白山普明颂

达摩入灭太和年　熊耳山中塔庙全
不是宋云葱岭见　谁知只履去西天
太原比丘祖昭继明谨书
大安己巳嵩高少林重刊
达摩当年住少林　武牢人去觅安心
安心不见安心法　正脉通流直至今
庆寿　教亨稽首赞
法王　祖昭顿首谨书
兴定壬午端月二十一日

"芦叶渡海相"中,祖师身后有圆形头光,上方有仁宗皇帝赞。大元大德十一年(1307)立的碑。刻有"覃怀乐亨画",由此可知画匠的名字。皇帝赞如下。

仁宗皇帝赞

坤之上乾之下　中间一宝难酬价
十万里来作证明　面壁九年不说话
如何赞如何画　一回举起一回怕
大元大德十一年二月末旬二日提点智利立石
覃怀乐亨画(常盘大定 文)

图 97-1·嵩山·少林寺·达摩祖师只履西归相·拓本

图 97-2 · 嵩山 · 少林寺 · 达摩祖师芦叶渡海相 · 拓本

祖源谛本碑

图 98 是祖源谛本碑的拓本。

祖源谛本（段绰题额）

少林九年　垂一则语　直至如今　诸方赚举

（黄庭坚画颂）

拓本上方为面壁九年的祖师像，侍立其后的应是二祖慧可。此碑由赐绯鱼袋张宗著建立，目的是为了刻写黄庭坚的颂。（常盘大定 文）

尊胜陀罗尼咒之帔碑

图 99 是佛顶尊胜陀罗尼咒之帔图的拓本。帔在《字源》中的解释是"披也，披之肩背，不及下也"，是"无袖外罩"的意思。陀罗尼和文字都是反的。陀罗尼咒文的上方和左右三方刻有美丽的宝相华，咒文的上方中央刻有"初祖庵勒赐少林"的八叶莲花。由此推测，当时人们把八叶莲花部分挖掉，挖出一个洞，把死者的头穿过去，穿上此拓本。咒文在背面，剩下的三分之一在前面。前面的三分之一中，一半刻有环绕云海的陀罗尼，剩下的一半刻有"西方公据""念佛公据付信，收执照证""冥途路引"等。其他的细字看不清楚。既然有"冥途路引"等文字，必然与亡者相关。我凝视石碑，做出如上判断。从民众信仰来看，这是有趣的资料。当时如果意识到这一点，定会询问寺僧，可惜没有意识到，只是做了拓本，深感遗憾。（常盘大定 文）

图 98·嵩山·少林寺·祖源谛本碑·拓本

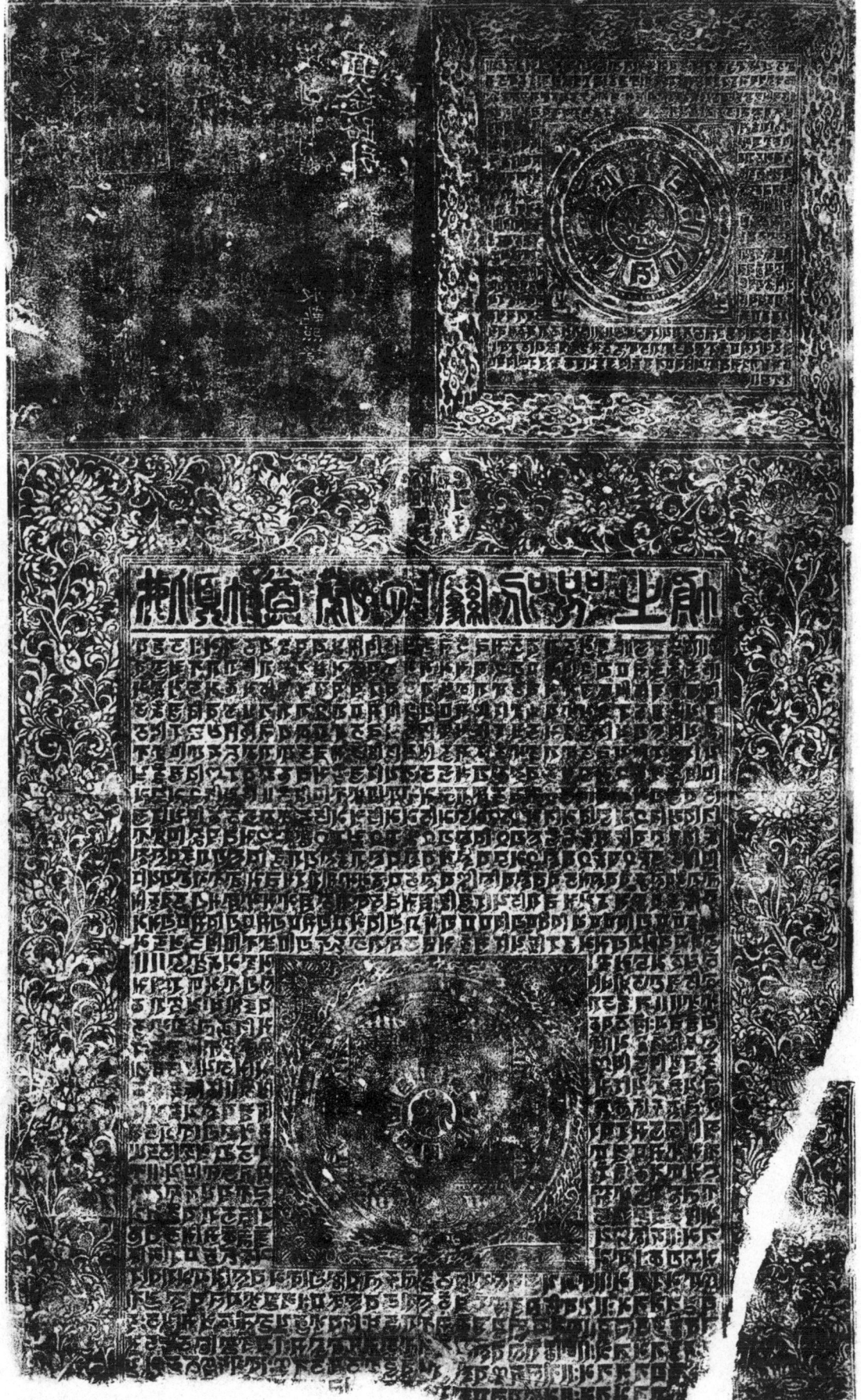

图 99 · 嵩山 · 少林寺 · 尊胜陀罗尼咒之帔 · 拓本

二祖庵

二祖庵位于少林寺前方的钵盂峰顶。从少林寺沿西南坡路攀登，约有八里的距离。隔着颍水（俗称小石河）和初祖庵相对，但位置高得多。钵盂峰是少室山三十六峰之一，峰顶的四周有自然形成的水井，故此地又称"四方井"。与初祖庵相比，二祖庵规模更小，建筑本身没有值得观看之处。本殿只安放了二祖像。院内有两块清代石碑，墙壁里镶嵌有两块明代石碑。庵的前后各有一座金代砖塔，仅此而已。后塔成方形，上面写着"大口万岁口封元年丙申，为天册金轮口神皇帝皇嗣造"，前塔为六角塔，上面写着"住持缘公庵主之塔"。由门人觉志等于大定元年（1161）建立。日本禅师邵元在元代修禅息心之处就是此庵。

站在庵前面南而望，少室山的奇岩直逼眼帘。高突的巨石在《说嵩》中被称为"炼魔台"，又叫"觅心亭"。书中说，二祖慧可在雪中站立以后，坐在此庵内，面对山峰，寻觅心灵去处，故将此处命名为觅心亭。（图100-1、100-2）（常盘大定 文）

图100-1·嵩山·少林寺·二祖庵

图 100-2·嵩山·少林寺·二祖庵·慧可像

唐少林寺戒坛铭

少林寺的戒坛在唐代非常有名，在此受戒之高僧比比皆是。

此戒坛铭是义净撰文，李邕书写，于开元三年（715）由沙门如通立碑。据序文可知，寺主义奘、上座智实来到都城，恭请以义净为首的护、晖、恪、威等诸律师，瑳、思、恂等诸禅师，于长安四年（704）结坛。从"重结戒坛"四个字，可知他们曾一度解散，后又重新结盟。少林寺在隋朝为四分律宗之大家资云以及洪遵（译者注：528-608，少林高僧，曾跟从师父资云参学问法）的居住地，所以此时的少林寺必定已是受戒的道场，并在隋唐之交时设置了此戒坛。铭文的最后写着"伏灵芝刻字"。伏灵芝是李邕自己的号。可以说这些撰文、书写、刻字都极为稀少而精美。据说除此碑外还有张杰书写的碑文，开元三年（715）李邕为括州司马，尚未成为刺史，故此碑是否为李邕所写在学者间尚有疑问。然而，除了李邕书写的碑文外，应该还存在一个由张杰书写的石碑。此碑为李邕所写之说，应没有怀疑的余地。比起根据文献怀疑此事，毋宁据此事实怀疑文献。（常盘大定 文）

笔者只得到两张拓本中的一张，缺少铭文的下半部分，根据《金石萃编》将其补全。但序文中存在两处不同。此书登载的拓本中的"恂禅师"，在《金石萃编》中是"向禅师"。另外，此拓本中的"晖律"在《金石萃编》中为"晖律师"。

估计《金石萃编》的作者将"恂"读作"向"，而且认为"律"后面缺少一字，故在不经意间补上了"师"字。不过，单叫"律"而不叫"律师"的例子，其他地方也有。（图101-1）（常盘大定 文）

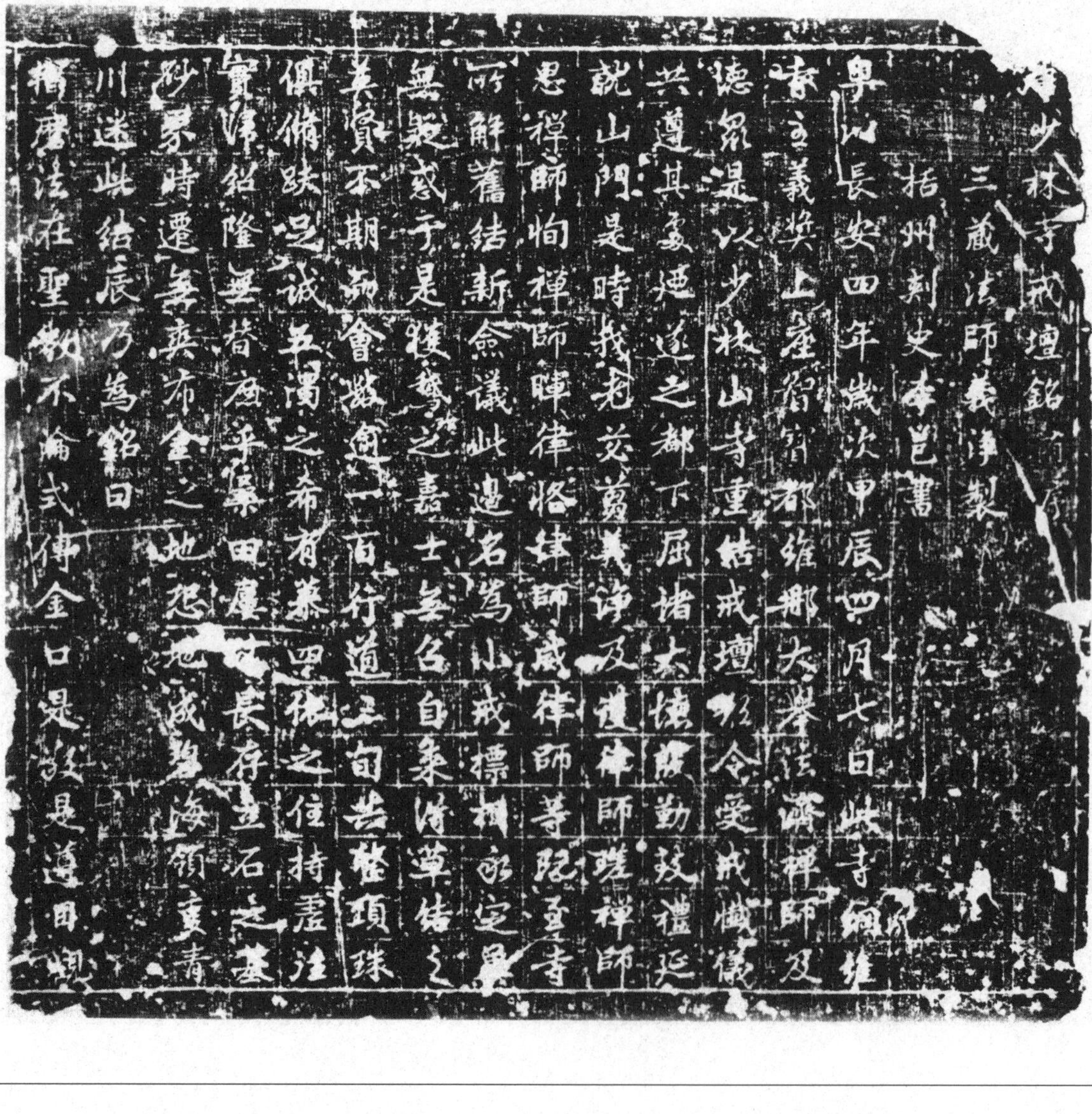

图 101-1・嵩山・少林寺・戒坛铭・拓本

灵运禅师塔铭

图101-2·嵩山 少林寺·灵运禅师功德塔碑·拓本

灵运姓萧，兰陵人，梁武帝的后裔，虢州恒农县尉藁之子。他对佛门有意，出家来到少林寺，跟从于庞坞的圭大师习禅，于开元十七年（729）圆寂。根据他的遗训，门人贤顺于天宝九年（750）在兹山建立灵塔，记录其功德，传给后世，即此铭文。灵运之名在佛教史上并无记载。据铭文推测，"凝然侸立，以定慧为藏，以涅槃为山，圆通于不口之境，出没于无涯之域"，是在赞美其心境，"苦雾晦黄于天地，悲风哀咽于草木，吁崩吾禅山涸吾法海"，是对他圆寂的惋惜。灵运禅师还是在梁武帝之后光大少林寺佛法光之人。梁武帝保护了南朝四百八十寺，使南北朝出现了佛教的黄金时代。此碑在表现圣王（译者注：梁武帝）功绩方面颇有价值。而且书法酷似《圣教序》，几乎无一笔相异，此乃古人赞赏此碑之处。灵运禅师之师珪大师，即嵩岳元圭，《僧传》中留有其名。（图101-2）（常盘大定 文）

法玩禅师塔及塔铭

法玩禅师塔坐落在少林寺墓林中。少林寺墓坟在初祖庵以南，小石河的北岸，历代墓塔林立，蔚为壮观。大都建于元代以后，唯有此法玩塔，为唐代所建。此塔为四边形单檐式砖塔，里面容纳了禅师的真身，可以开关的石门雕刻颇为精美。此乃贞观七年（633）由禅师弟子们新建而成，由弟子安国寺尼寂然负责监护。

塔身后的砖壁间，镶嵌着刻有铭文的小碑，为李充的撰文。据此撰文，禅师跟从大照大师学道，三学均造诣颇高，或在嵩高，或在洛邑，教导众生，门人颇多。建立新塔之际，述其功绩，并列举了嵩山的少林寺、会善寺、永泰寺、岳寺，东都洛阳的敬爱寺、安国寺、善才寺、修行寺、宁刹寺等。禅师从学的大照大师即法嗣普寂的谥号。（图102-1、图102-2）

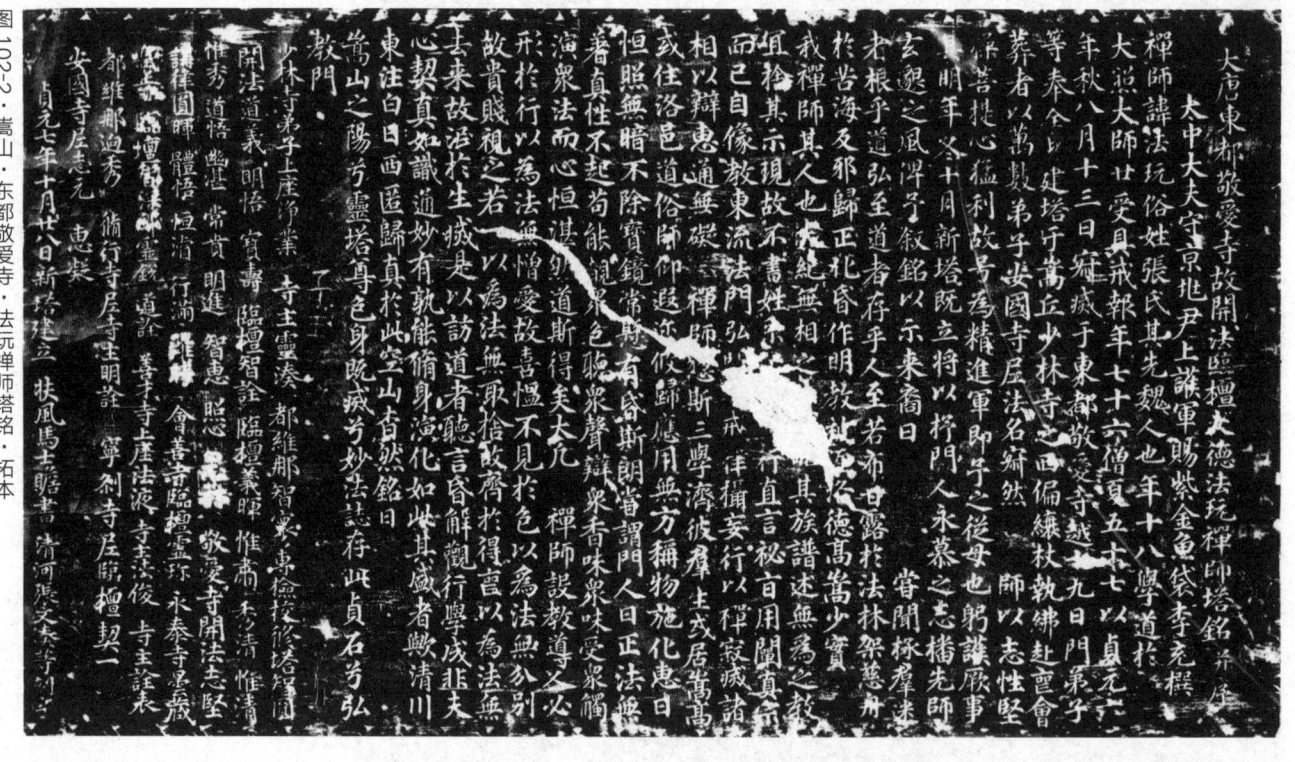

图102-2·嵩山·东都敬爱寺·法玩禅师塔铭·拓本

图 102-1・嵩山・东都敬爱寺・法玩禅师塔

同光禅师塔铭

此乃同光禅师的俗家弟子登峰县令郭湜的撰文。据此文可知，禅师早年出家，以律仪为修行之本，探求禅寂之奥秘。师从大照禅师，大照禅师圆寂后，讲法二十余年，门人有三十余位。大历五年（770）圆寂于少林寺。门人少林寺等在东北六十余步之处，于大历六年（771）辛亥年建立塔庙，刻了此铭。同光禅师之师禅祖大照，即神秀法嗣普寂。同光禅师塔登载在《佛教美术》第七期上。方形砖筑结构，有层层叠出的塔檐，顶上有大量装饰并有宝珠。（图102-3）（常盘大定 文）

唐少林寺同光禪師塔銘并序
登封縣令郭湜撰　寺大德靈運書
嘗聞六現有緣隨生滅色空無性性盡眞
如契之者即爲道師了之者如登正覺契了
之義其在我禪師歟　禪師法諱同光俗
人也道心天縱法性生知俯及幼童已悟
爲之理纔過弱冠便歸不二之門是歲出家
旋進具戒以脩行之本莫大於律儀究竟之
心須終於禪禪對禪律之道其在斯乎及持鉢
東山歸心禪祖大照慶蒙授記許爲人師及
大照遷神敬終煙禮乃追跡林野澈旁人先
雖情發於衷而聲聞於外鮮不獲已乃演大
法義開大法門二十餘年振動中外從師授
業不可勝言三十餘禪僧盡了心地隨身化
度不離几杖或往來寡少棲息荊臺用大自
在之深心開悟知見行不思議之密行拯扶
皆迷不可得而名言也則知法輪常轉經行
豈指於一方佛法現前宴坐寧勞於十切焉

图 102-3・嵩山・少林寺・同光禅师塔铭・拓本

少林寺历代住持墓塔

少林寺墓茔约在寺西一里处。那里松柏茂盛，墓塔林立，森严肃穆，景象壮观。塔的形状各种各样，没有完全相同的。有方形塔，有三层、四层乃至九层的六角形塔，还有钟形、幢形、喇叭形的墓塔。建立年代方面，除了有一座为唐代建筑外，其余皆为元明清代的，表现了元代以后的寺史。

图103-1中的左侧照片：

（1）塔身为钟形　宣授少林寺住持古岩禅师寿塔元延祐三年（1316）

（2）塔身为方形　西堂老师和尚寿塔　金正隆二年（1157）

（3）六角形　俱空斌公长老寿塔　明景泰四年（1453）

宣授少林住持古岩禅师，即在前述请疏碑中留名之人，他曾在皇庆二年（1313），为了国家烧香祷告，为了祝贺皇帝的寿辰而请佛保佑。禅宗法系中称他为"封隆普就"。据息庵碑记载，他被请到少林寺，并在此入寂。既然此处有寿塔，应该可以称之为"少林普就"，将是进一步了解洞宗禅学同少林寺关系的有用资料。

俱空斌公是在洞门法脉中列有其名之人。其系谱在福裕之后，具体如下：

万安子岩——凝然了改——俱空契斌

凝然了改的墓碑在少林寺天王殿外，上面题有"第二十五代凝然改禅师道行碑"，是明朝景泰六年（1455）立的石碑。图103-3的右侧照片：

（1）塔身幢形—还元长老寿塔—元至大四年（1311）

（2）六角五层—显教元通大禅照公寿塔—元至元五年（1339）

（3）塔身钟形—月岩长老寿塔—元大德丁未（1307）

中间的照片：

（1）塔身喇嘛形—坦然和尚寿塔—明万历年间

（2）近六角七层—第二十八彼岸宽公寿塔—清康熙年间

（3）远六角七层—少林寺总持宗门幻休润禅师寿塔—明万历丙戌

幻休润禅师和彼岸宽公都是在曹洞宗法脉中留有姓名之人，其法脉接在上述俱空契斌之后，具体如下：

俱空契斌—无方可从—虚白文载—小山宗书—幻休常润—无言正道—心悦慧喜—彼岸海宽

彼岸海宽是近代的学者。由其撰写的《敕赐祖庭少林释氏源流五家宗派世普》碑，立在法堂前庭。当时临济宗风蔓延天下，众僧厌恶曹洞宗，甚至为了将其从马祖法系中排挤出去，欲在天皇道悟外另立天王道悟。此铭文就是有感于此而撰写的。其中写道：

近来有等党护门风。不通议论者，不遵皇藏，颠倒伦常。不许龙潭法嗣天皇，要硬差他嗣于天王悟下。况祖灯诸录。并五灯会元，又苦无所谓天王悟也。今无故捏出一天王悟，祖灯不载之人，扯入马祖门下。教龙漳儿孙之为德山雪峰者，率领我家云门法眼两宗。辞了石头一路，改上马祖家坟。

少林寺内的众多石碑中，天王殿前有第二十七代从公碑，为明代成化二年（1466）所立。钟楼前有洞宗二十四世当代传法小山禅师行宝碑，为明代嘉靖年间所立。钟楼后有第二十六代道公碑，为明代万历年间所立。他们都在洞门法脉中留有姓名。

除此以外，有些墓碑主人，虽不在洞门法脉之列，但也是少林寺住持。如在天王殿前，有第十一代凤林珪公行状之碑，是元代至正九年（1349）所立；有第十九代嵩溪禅师定公之墓碑，是元代至正元年（1341）所立；有第二十一代松庭禅师之墓碑，是明代的洪武二十五年（1392）所立；有第二十八代月舟禅师行实之墓碑，是明代正德年间所立。除了这些道行碑，还有墓塔的铭文。如若将这些综合起来研究，对元代以后的曹洞宗历史能够有较为清晰的了解。（常盘大定　文）

图 103-1·嵩山·少林寺·历代住持墓塔

图103-2·嵩山·少林寺·历代住持墓塔

图 103-3 · 嵩山 · 少林寺 · 历代住持墓塔

少林寺历代墓塔铭拓本

在元代的万松行秀以后，少林寺一直维持着曹洞宗法脉，这在当时临济宗法脉几乎风靡天下的情况下，确实是极为罕见。在我的游历中，能判定为曹洞宗法脉的有嵩山少林寺、泰山灵岩寺、福州鼓山涌泉寺、庐山栖贤寺、汉阳归元寺等，其中祖山少林寺正系连绵，实为罕见。其法脉在前文多次提及，现总结如下。

报恩行秀（万松）
├雪庭福裕─灵岩净肃─封龙普就（古岩）─天庆义让（息庵）
│   └少室文泰─宝应福遇─少室文才─万安子岩
├凝然了改─俱空契斌─无方可从（第二十七代）
├虚白文载（第二十八代曹洞正宗第二十三世）─小山宗书（曹洞宗第二十四世）
├幻休常润─无言正道─心悦慧喜（传曹洞宗住持第二十七代）
└彼岸海宽（曹洞正宗二十八代）

一、宣授都僧省少林长老特赐光宗正法大禅师裕公塔

宣授江淮总摄扶宗弘教大师释源白马宗宗主龙川官钱立额

岁次丁亥朔庚申庚辰日立石

即少林寺开山祖师福裕，图92为其碑文，此乃他的墓塔。丁亥是至元二十四年（1287）。

图104-2·嵩山·少林寺·宣授少林住持古岩禅师寿塔·拓本

二、宣授少林住持古岩禅师寿塔

即息庵禅师之师封龙普就，图103中有其墓塔。

图104-3·嵩山·少林寺·少林塔院梦公□□之墓·拓本

三、少林塔院梦公□□之墓

图104-1·嵩山·少林寺·宣授都僧省少林长老特赐光宗正法大禅师裕公塔·拓本

图104-5·嵩山·少林寺·圆寂首座金公无用之塔·拓本

五、圆寂首座金公无用之塔
小师本性、悟真、昌祥
师孙圆顺、圆贤、圆贵、圆明
时正统十年春三月吉日本性建

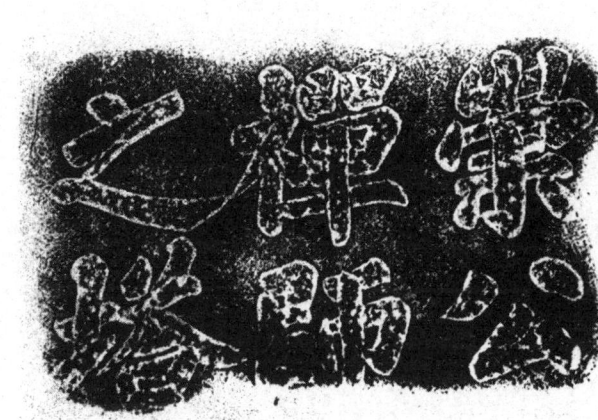

图104-4·嵩山·少林寺·洪公提点之塔·拓本

图104-6·嵩山·少林寺·崇公禅师之塔·拓本

六、崇公禅师之塔

四、洪公提点之塔 至元九年四月上旬日

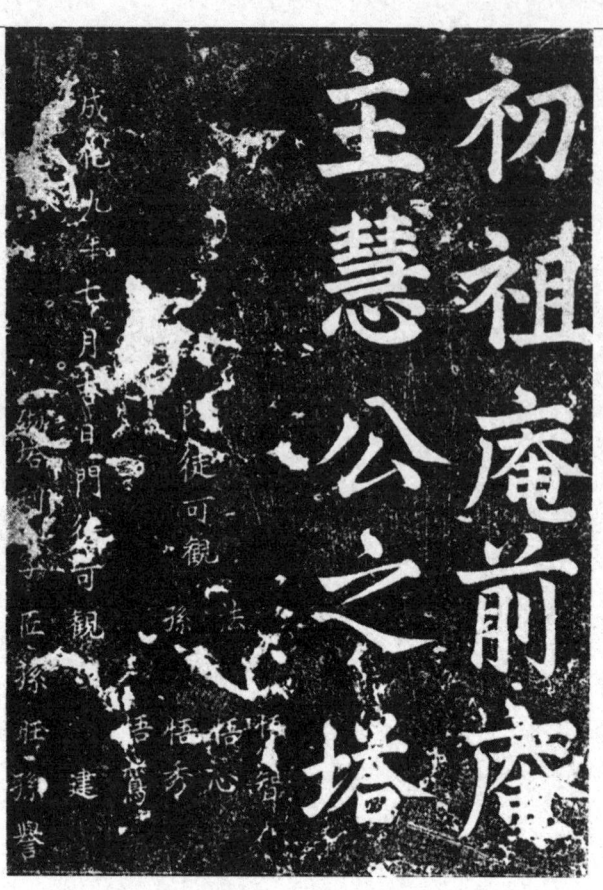

图105-1：嵩山·少林寺·初祖庵前庵主慧公之塔·拓本

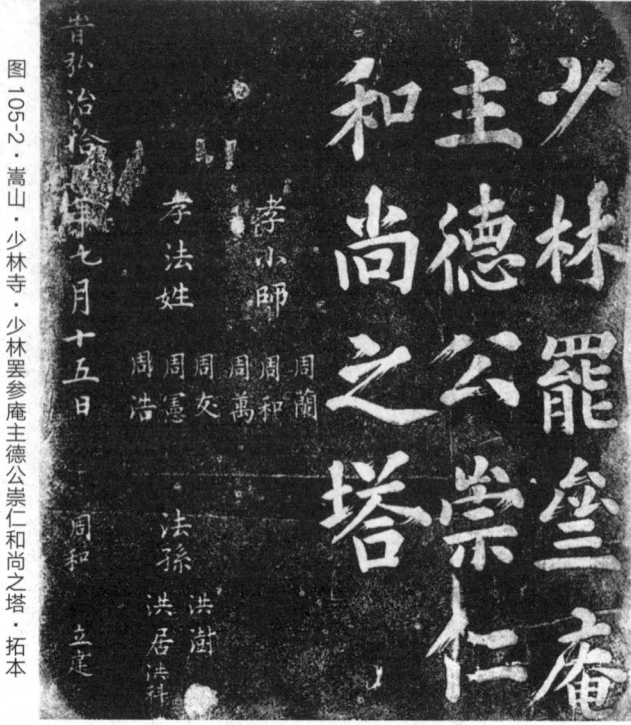

图105-2：嵩山·少林寺·少林罢参庵主德公崇仁和尚之塔·拓本

一、初祖庵前庵主慧公之塔

门徒可观，法孙悟智、悟心、悟秀、悟莺

成化九年七月吉日　门徒可观　建

砌塔利字将孙旺、孙誉

二、少林罢参庵主德公崇仁和尚之塔

孝小师　周兰、周和、周万

孝法姓　周友、周宪、周浩

法　孙　洪澍、洪居、洪科

时弘治十七年七月十五日　周和　立建

图105-3·嵩山·少林寺·僧会司官少林寺圆寂玉峰瑛公之塔·拓本

图105-4·嵩山·少林寺·河南府僧纲司都纲成公一峰和尚之塔·拓本

三、僧会司官少林寺圆寂玉峰瑛公之塔
孝徒悟聪、悟德、悟玺、悟纯、悟增、悟新、悟恺
法孙周宪、周和、周友、周浩、周兰、周方、周克、周恕
重孙洪澍、洪祐、洪炉、洪科、洪焚、洪仲
正德七年八月十五吉日末孙周宪、周和同建

四、河南府僧纲司都纲成公一峰和尚之塔
门徒圆行　得法副纲成铸
法孙可恩、可谈、可钦
副纲妙资、妙浩
重孙悟亨、悟玉、智宾、智安
俗姓史方、史政、史端、史原、史贤、史良
成化十一年仲秋月重阳吉日　可恩建

图105-5·嵩山·少林寺·月舟禅师载公之寿塔·拓本

五、钦依祖庭少林禅寺住持嗣祖曹洞正宗第二十三世月舟禅师载公之寿塔
王明正德岁在辛巳四月朔吉日
参学门人生明、明晓建

即指天王殿前的碑文中所刻的第二十八代月舟禅师行实，此塔为少林寺历代住持中的"虚白文载"之塔。第二十八代是指作为少林寺住持的代数，第二十三世是从曹洞宗的传承上算的。

图106-1·嵩山·少林寺·敕赐祖庭少林寺初祖庵庵主观公大千之灵塔·拓本

一、敕赐祖庭少林寺初祖庵庵主观公大千之灵塔
孝徒悟旺、悟莺　法姓悟钊、悟铎、悟环
师弟可贤、可海、悟空、悟展、悟坦、悟辗
法孙周衡、周川、周义、周度、周鲁、周净、周汉、周载、周实、周存
周潭、周旋、周盖、周朝、周珣、周伞
重孙洪渠时嘉清□年□月□日孝徒悟莺建立
本邑席学镌

图106-2·嵩山·少林寺·敕赐祖庭少林禅寺都提举宏公大机和尚之塔·拓本

二、敕赐祖庭少林禅寺都提举宏公大机和尚之塔
孝徒可罕、可忠、可妙
法孙悟亨、悟鉴、悟盛、悟赞、悟智、悟满、悟舍、悟升
重孙周昂、周年、周进、周那、周腾
俗姓佐吕松、吕景春、曲云、曲雷、吕琴
郭佑　石匠杨学
泥水匠张秀
时嘉靖十年岁次辛卯孟夏上旬吉旦

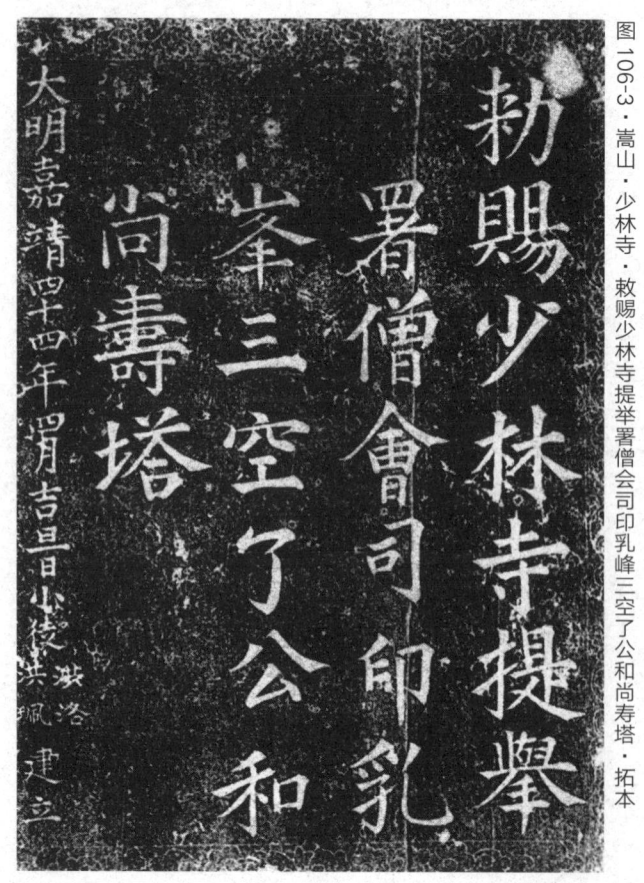

图106-3·嵩山·少林寺·敕赐少林寺提举僧会司印乳峰三空了公和尚寿塔·拓本

图106-4·嵩山·少林寺·敕赐祖庭少林禅寺住持嗣祖曹洞正宗第二十四世净庵榻公灵塔·拓本

三、敕赐少林寺提举署僧会司印乳峰三空了公和尚寿塔

　　大明嘉四十四年四月吉旦□日　　小徒洪洛洪佩建立

四、敕赐祖庭少林禅寺住持嗣祖曹洞正宗第二十四世净庵榻公灵塔

　　大明嘉靖三十一年岁在壬子仲春吉旦
　　洪美洪胜建

图106-6·嵩山·少林寺·敕赐少林禅寺授教师武公本乐和尚享寿四十一之塔·拓本

六、敕赐少林禅寺授教师武公本乐和尚享寿四十一之塔

　　孝徒道同、道隆、道金、道秋同立
　　孙庆林、庆雨、庆光、庆榻、庆科、同口、同明、同碧、玄口
　　大明万历四十七年二月吉日

图106-5·嵩山·少林寺·坦然和尚之塔·拓本

五、坦然和尚之塔

　　大明万历庚辰岁秋口二十五代住持孝口
　　孝孙祖胤、祖贵、祖口、祖英、祖智、祖福

图106-8·嵩山·少林寺·敕赐少林禅寺都提举征战有功顺公万庵和尚享寿七十四之塔·拓本

八、敕赐少林禅寺都提举征战有功顺公万庵和尚享寿七十四之塔

　　时大明万历四十七年三月吉旦

　　此碑具有特殊意义，应受重视。少林寺拳法天下闻名，至今仍声名显赫，但其鼎盛时期为万历年间。当时少林寺拳师为防御倭寇立下大功，并世代相传引以为豪。此顺公万庵即为征战有功者，是当时勇将。碑左右刻有孝徒之名，因为细字，几乎被磨光而无法辨认，深感遗憾。看完此碑后再回顾上述墓塔，不禁猜测第六的授教师武公本乐也是拳师。

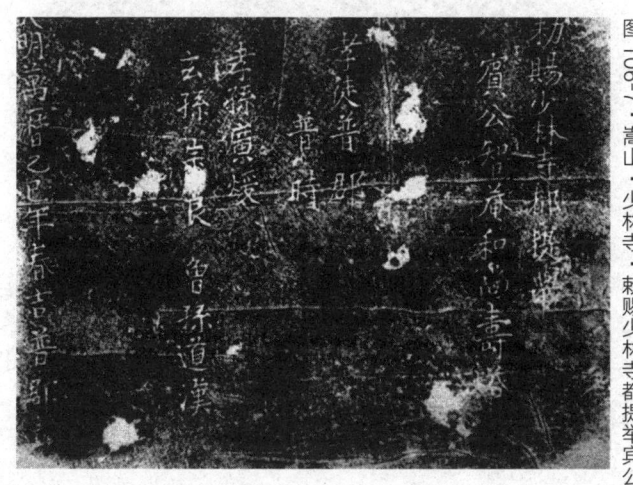

图106-7·嵩山·少林寺·敕赐少林寺都提举宾公智庵和尚寿塔·拓本

七、敕赐少林寺都提举宾公智庵和尚寿塔

　　孝徒普郡、普时
　　孝孙广缓
　　玄孙宗良　　曾孙道汉
　　大明万历乙巳年春吉普郡立

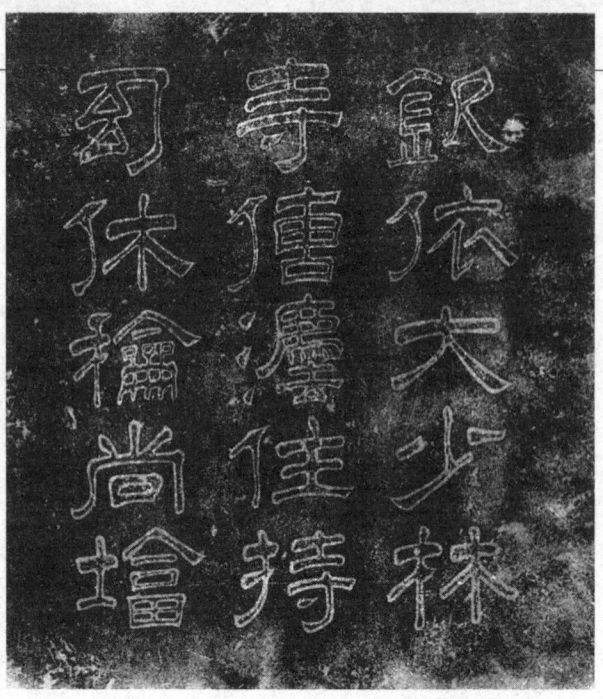

图107-1·嵩山·少林寺·钦依大少林寺传法住持幻休和尚塔·拓本

一、钦依大少林寺传法住持幻休和尚塔

此塔是幻休常润之塔。幻休常润为少林寺历代主持之一，后成为了传承曹洞宗法脉之人。幻休在小山宗书之后，钟楼前有洞宗二十四世当代传法小山禅师的行宝碑。小山是洞宗二十四世，幻休是二十五世。

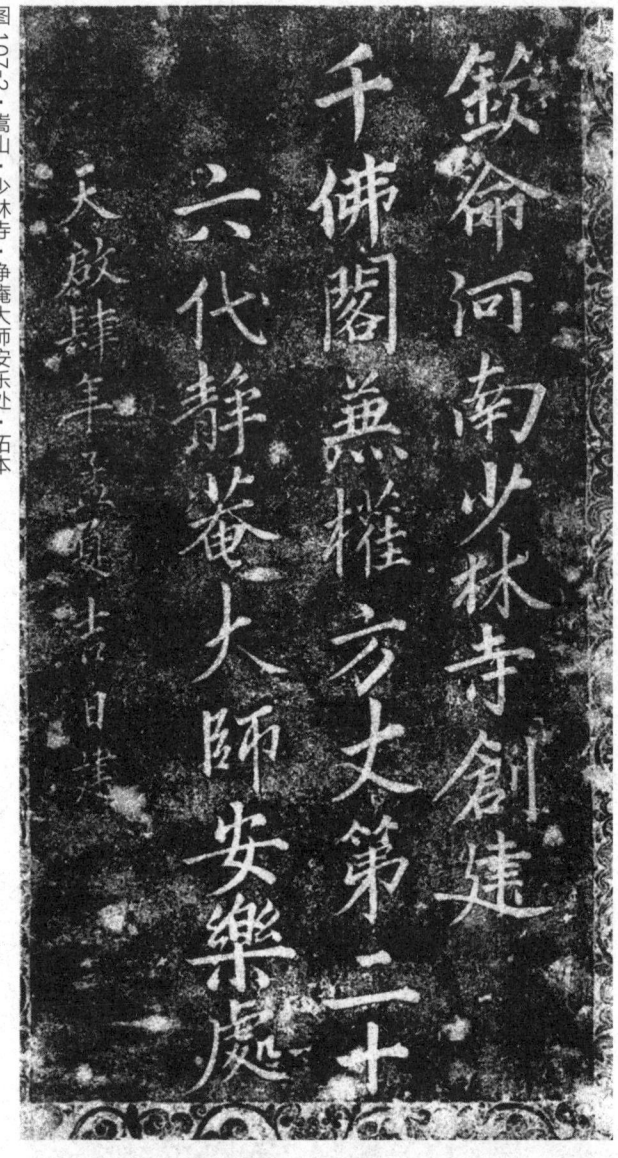

图107-2·嵩山·少林寺·净庵大师安乐处·拓本

二、钦命河南少林寺创建千佛阁兼权方丈第二十六代静庵大师安乐处

天启四年孟夏吉日建

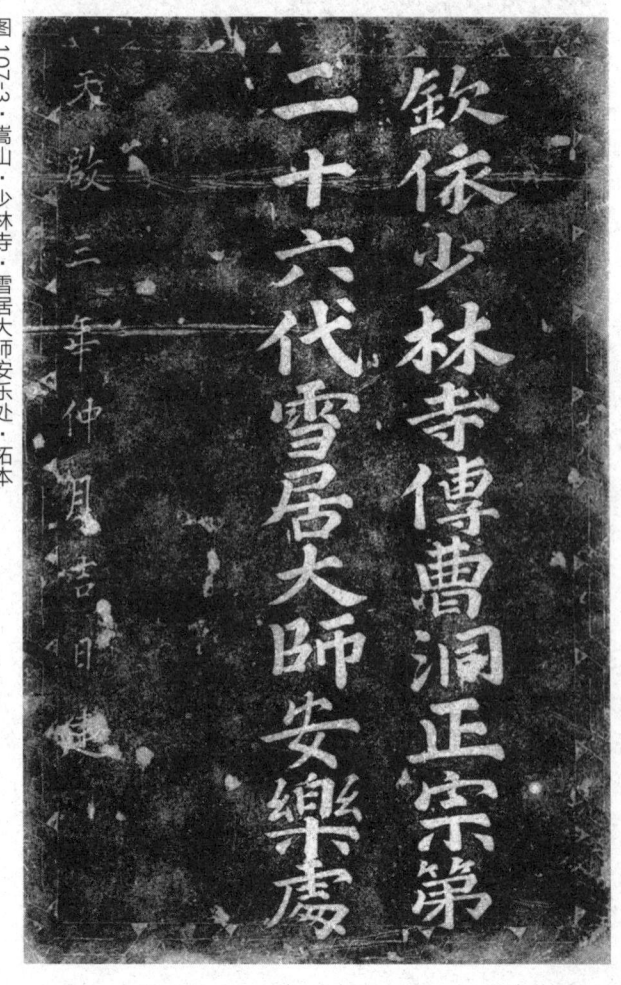

图107-3·嵩山·少林寺·雪居大师安乐处·拓本

三、钦依少林寺传曹洞正宗第二十六代雪居大师安乐处

天启三年仲月吉日建

曹洞宗第二十六代，为上述幻休的继承人"无言正道"。

图 107-4 嵩山·少林寺·道源大和尚寿塔·拓本

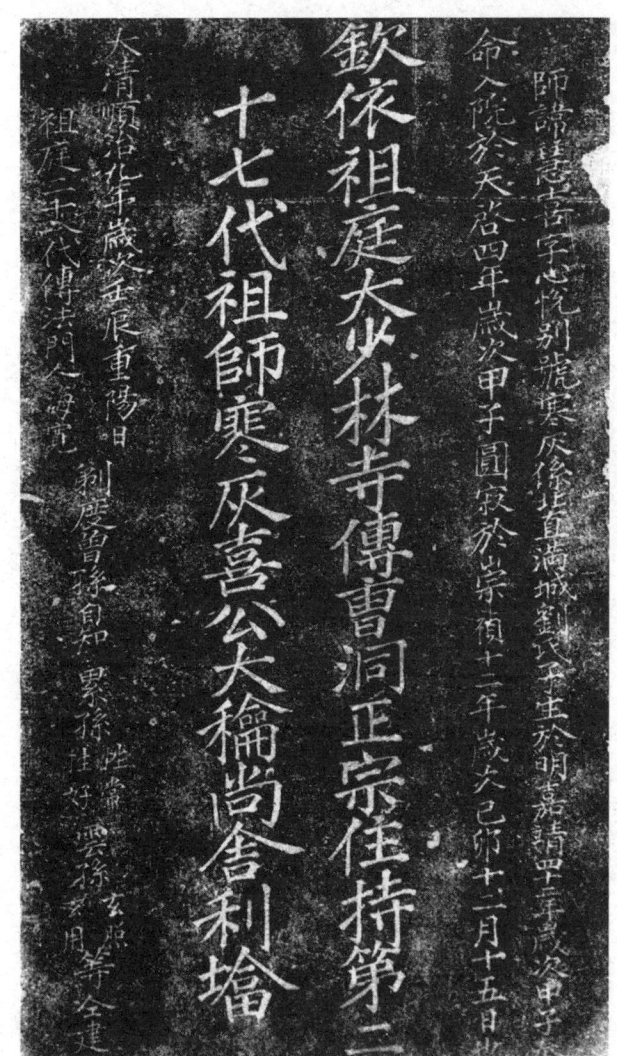

图 107-5 嵩山·少林寺·寒灰喜公大和尚舍利塔·拓本

四、敕赐祖庭大少林禅寺千佛阁焚修冠带住持提点信公道源大和尚寿塔

天启柒年贰月吉旦　孝徒方桂、方机、方禄

孙圆果、圆顺、圆满、圆景、圆强

重孙明慧、明玉、明正、明常立

五、钦依祖庭大少林寺传曹洞正宗住持第二十七代祖师寒灰喜公大和尚舍利塔。

师讳慧喜，字心悦，别号寒灰，系北直满城刘氏子，生于明嘉靖四十二年岁次甲子，奉命入院于天启四年岁次甲子，圆寂崇祯十二年岁次已卯十二月十五日也。

大清顺治九年岁次壬辰重阳日，祖庭二十八代传法门人海宽剃度曾孙自知累孙性常、姓好　云孙玄照、玄生等同建

此乃位列曹洞宗法脉的"心悦慧喜"。

图 107-6 嵩山·少林寺·宽禅师灵骨之塔·拓本

六、祖庭大少林禅寺钦命赐紫传曹洞正宗第二十八代彼岸宽禅师灵骨之塔

时大清康熙五年六月望四日立

此乃位列曹洞宗系谱的"彼岸海宽"。

除此之外，在我收藏的拓本中，还有如下五个墓塔。（常盘大定 文）

永庆住持升公大州之塔

敕赐祖庭少林禅寺顺公和尚之塔

一、敕赐祖庭少林禅寺顺公和尚之塔
康熙三十五年二月二十日

二、永庆住持升公大州之塔
成化

五、宣授少林提举兴福普照藏云大师山公庵主之塔

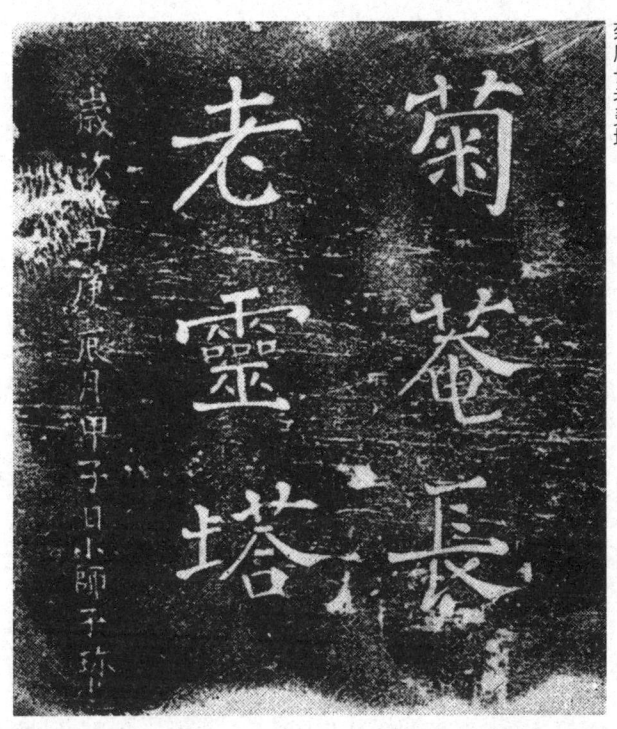

三、菊庵长老灵塔

岁次乙丑庚辰月甲子日

四、庄岩圆寂老祖灵山会公和尚之塔

大清嘉庆八年岁次癸亥

嵩岳寺

十二角十五层砖塔

嵩岳寺位于太室山的西麓。原为北魏宣武帝的离宫，孝明帝正光四年（523）改为寺院，大力建造殿宇，并建造十五层砖塔。《说嵩》中曰：

> 寺故元魏宣武离宫也，建于永平二年。诏冯亮、与沙门统僧进，河南尹甄琛，视形胜处，创兴焉。有凤阳殿，八极殿。明帝正光时，膀间居寺。广大佛刹，殚极国财。僧徒七百众，堂宇愈千间。建立十五层塔。

嵩岳寺始建于北魏永平二年（509），原为宣武帝（译者注：原文为"孝武帝"，应为"宣武帝"之误）的离宫，孝明帝正光四年（522）改名为"间居寺"，尽国家之财广为扩建。孝昌元年（525）胡太后削发出家，在间居寺修道。后周废除佛教之际，寺院被改成道观，塔被改成坛，隋朝开皇年间（581—600）佛教复兴，至仁寿元年（601）改称嵩岳寺，并建造舍利塔。到了唐朝，武后随高宗行幸嵩阳时，此寺曾作为行宫。后按中宗御令，此处成了大通禅师神秀的住所。嵩岳寺碑中写道："达摩菩萨，传法于可（译者注：慧可），可托法于灿（译者注：僧灿），灿授于信（译者注：道信），信传法于忍（译者注：弘忍），忍留法于秀（译者注：神秀），秀授法于今之和尚寂（译者注：普寂）。"秀指大通禅师，今之和尚寂即大照禅师普寂。由此可知，普寂继神秀之后住进了嵩岳寺，被冠以"普寂"称号。因为是"今之和尚"，故可推测此碑为普寂时代建造。此石碑详细记述了达摩之后宗法的传承，特别是阐明了北宗法脉。嵩岳寺的确应被称为北宗禅之中心。据说中宗曾为大通禅师在南辅山的山顶上建造十三级浮屠，但是南辅山的位置不明，现在浮屠恐怕已不存在。

如今，在嵩山中，继承临济法脉的唯有此寺，其他皆为曹洞流派。（常盘大定 文）

据上述《说嵩》记载，十五层塔为北魏正光年间建成。另外，此书中登载了唐代李邕仪凤三年（678）至天宝六年（747）撰写的嵩岳寺碑，碑文如下：

> 十五层塔者，后魏之所立也。发地四铺而耸，陵空八相而圆。方丈十二，户牖数百。

李邕为初唐人，认为此塔为北魏建造。从塔的构造样式上看，说此塔为北魏时代建造，并无不妥。

塔之平面呈十二边形，此样式绝无仅有。且塔高十五层，初层下还有基座，非常罕见。基座由砖砌成，仅在四面设有入口，没作任何装饰。（现留有前后入口，左右入口被封）初层各角立有六角形的长方形断面装饰柱，与四面入口上方相接之处设有奇异的莲花拱形门，拱内的壁面开有长方形的窗户。莲花拱的顶部置三瓣莲花组成的饰物。云冈、龙门等北魏时代建的佛龛，都喜欢雕刻莲花拱，但唐宋以后，几乎不再用这种雕刻了。由此也可以证明此塔为北魏时代建造。

其次，初层各角的两面壁上，在外围又建了一层壁面。设有莲花拱形的窗户，窗下面的腰壁处并列有两块凹陷处（羽目），里面雕刻有狮子像。在莲花拱形窗户的上方，亦有长方形的板壁形装饰，低于壁面。三层砖角撑架构成的飞檐上方，雕刻有奇特的女墙装饰，顶饰是球盖模样。其样式手法罕见奇异，也是在唐宋以后绝对看不到的。另外，各角的长方形断面装饰柱，下部都有柱礅，上部有顶饰，皆为北魏常见模式。

第二层以上，每层的塔身高度皆急剧变低，且越往上减缩度越大，构成了细长流畅的炮弹形状。顶部冠有相轮，可能是后人补上的。之上的十四层，有叠涩密檐，略呈凹曲线状，使塔的外形雄健又不失幽雅。第二层以上的塔身各个壁面中央，雕有小型莲花拱，左右辟"破子棂窗"，这也是唐宋以后所没有的。李邕碑中所说"户牖数百"，就是指这个槅子窗吧。当初塔的外壁涂有漆灰，现在都已剥落，仅存一些过去的痕迹。

因此，此塔平面呈十二角形，层数十五层，形态雄健又在细微处有奇异装饰，这些皆与唐宋以后的砖塔截然不同。此塔不仅是北魏时代留下的唯一古建筑，同时也是中国现存最古老的砖筑建筑物。它那堂堂雄姿，有足够的资格与云冈、龙门石窟一同记载在北魏的艺术史上。（图108、图109）（关野贞 文）

图 108・嵩山・嵩岳寺・十二角十五层砖塔

图 109 嵩山·嵩岳寺十二角十五层砖塔一部分

法王寺

此寺位于嵩岳寺东北方的高处，与嵩岳寺一丘之隔。《说嵩》中记载，东汉永平十四年（71）佛法初传来时，此寺和洛阳的白马寺、巩县的慈云寺一起被创建，但此说法难以相信。此寺的确起源古老，曹魏时代就已经有"护国寺"之名，晋代永康元年（300），在寺前增建一刹，称之为"法华寺"。北魏孝文帝时，曾被作为避暑地，隋朝仁寿二年（602）建立了舍利塔，并改名为"舍利寺"。《广弘明集》第十七卷中的洛州汉王寺的舍利塔，即指此塔。唐贞观三年（629）奉诏增造佛像，并改叫"功德寺"，到开元年间（713—741），又改名为"御容寺"。大历间（766—779）又改为"广德法王寺"。到了后唐，寺院分成五院，沿用护国、法华、舍利、功德、御容等历代旧称，到了赵宋时期，再次改名为"法王寺"。寺后有十五层的方形砖塔。《说嵩》中说的寺后卧龙岭左边的元圭禅师塔，也许就是此塔吧。《金石萃编》第十三卷中记载有大唐嵩岳闲居寺故大德圭禅师塔记，据此可知，禅师并未从师，独自悟道，遇少林尊者大乘的开示，顿悟佛陀玄旨。晚年住庞坞阿兰若，于开元四年（716）七十三岁圆寂，弟子仁素等建立此碑。庞坞在会善寺的后面，《宋高僧传》中记载了元圭禅师为岳神授戒之事。授戒仪式在会善寺戒坛进行，现在毗卢殿的墙壁上镶嵌有唐代元圭禅师塔碣。而且在大雄宝殿的前庭，刻有元圭禅师舍利宝，放有刻有开元年号的香盘，寺内皆为纪念唐代元圭禅师之物。由此可知本寺同元圭禅师的关系。上述少林寺章节中提到的灵运禅师，是梁武帝的后裔，实际上是元圭禅师的弟子。在嵩岳寺地下发掘的刻有"唐萧和尚铭"的石碑上，刻有"和尚是梁武帝第六代孙"的字样，即指少林寺的灵运禅师。（常盘大定 文）

塔是十五层砖筑结构，呈平面方形。初层特别高，第二层以上各层的塔身低矮。密檐式建构，中部微膨，上部收小，呈炮弹状轮廓。与嵩岳寺的砖塔，特别是西安的小雁塔相似。第二层以上各层塔面的中央辟有半圆拱窗。塔顶的相轮，伏钵以下部尚存，上部缺失。此塔明显为初唐式样，将其定为元圭禅师之塔，应不会有错。（图110-2）（关野贞 文）

图111-1 是法王寺复庵和尚塔铭的拓本。上部有复庵和尚塔铭的篆额，题为《嵩山大法王禅寺第九代复庵和尚塔铭并序》，叙述了复庵和尚的修行经历。文中记载：复庵和尚讳号圆照，字寂然，俗姓李，自封号为复庵。上党人，自幼聪颖、悟性好，不嗜荤茹，父母异之，谓宿有善缘。年十一出家，十六登坛受具，遂游历山东，学于璨、达二坛主。研精覃思，积十数年之久，乃主法席，讲《唯识论》《楞严》《圆觉》诸经，说服众人。当时，万松行秀为曹洞宗之宗主，选拔人才，称复庵和尚为"当代龙门"（译者注：优秀人才）。且复庵一入丈室，甚器重之，服膺三年，即蒙印可。元朝癸卯年，集诸路侣，建资戒大会于京师万寿寺，自此开堂出世，住德州之天宁、齐河之普照、鹊里之崇孝、嵩山之少林、法王。诸方礼聘，殆无虚岁。金季杨礼部仲明、杜处士仲梁风节蔼然，一代名士。咸以文章道艺缔友于师。中书右丞严公、镇国上将军刘候及其子奉国上将军复享、其孙中奉大夫泽，皆杰出魁人也，为师护法始终，寅奉四十余年，其道业尊严，从可知矣。京师万寿，本宗禅刹，师晚年居之，以寺之恒产为人所废，力为兴复，寺业即完，求归宿之地，居住普照寺。后南下至燕（译者注：河北），燕处凡四载，以至元癸未月六日示寂。寿七十八岁，僧腊六十二岁。

大师平生志行卓然，力学无倦，以为佛理不可以不明也，故讲经以明义；佛性不可以不悟也，故参禅以悟性；行道不可以不广也，故随缘以应物。

所度弟子至百人，嗣法者三十。振历宗风，有如泰山灵严复公；文行超卓，有如上都华严叔仁。大师葬也，士庶倾城来会。明年叔仁状师之行，致书于复，请为塔铭。复自弱冠，熟师之名。且叔仁乎，方外友也，义不可辞。塔成，一付叔仁，一付普照，一付法王。元贞二年（1296）七月自恣之日（译者注：十五日），香山住持嗣法小师福海、法王住持嗣法小师觉亮、提点僧小师觉定、监寺僧小师觉成同立石。

此碑立于门侧，下面有一部分被石屏遮挡，不能制成拓本，因此撰文者"复"是何人不明。不明部分如下。

翰林学士大中大夫知制诰同修国史
资德大夫中书右丞岩忠济
嵩山法王住持传法嗣祖觉亮

第一个翰林学士可能是篆额的书写者，第三个觉亮是碑文最后看到的立碑者之一。中间的中书右丞严忠济，在文中是指中书右丞严公，"复"可能是此人之名。如文中所述，复庵是万松老人的法嗣，也住过少林寺，而且可知法王寺同少林寺一样是拥有曹洞宗法脉的名刹。有关法王寺的碑文，《金石萃编补正》第三卷中收录了四个，但没有复庵碑，故此拓本是珍贵的资料。顺便列举《金石萃编补正》第三卷中收录的四个碑文。

一、元法王寺请玉公长老疏

此乃嵩岩玉公长老任河南府嵩山大法王禅寺住持时，为国烧香修行，为祝贺皇帝圣寿无疆请佛保佑时写的疏，疏于至元十五年（1278）撰写，碑于元贞二年（1296）七月二十三日由法王寺住持觉亮、提点（译者注：掌管金钱，谷米之人）觉定、监寺觉成一同建立，因此可知，此碑同前述复庵碑是同年同月，同样的人建立。

二、元海公道行碑

此碑题为"嵩山大法王禅寺第十二代月庵禅师道行之碑"，法王当代传法嗣祖小师思微的撰文。据此文可知，大师法名福海，出家于香云寺，礼成公讳玉大和尚为师。初诣秦中，投诚公伯达老和尚。又叩参河南华岩和尚，拜京师万寿寺复庵为师，至元庚辰之春，开堂于法王寺，后历住龙门宝应寺、汝阳香山寺、山东灵岩寺、京师万寿寺，所到之处立修造之功，最后任万寿寺方丈，直至圆寂。碑于延祐三年（1316）建立，碑阴刻有"开列月庵大和尚法嗣于后"，列举了如下诸名。

南阳丹霞口懋禅师　南阳德用庵主
嵩山法王普醒禅师　晋宁显蜜庵主
汝阳香山思言禅师　胶西清琳庵主
裕州大乘福德禅师　汝阳思谦庵主
洛阳天庆思才禅师　白茅定聪庵主
藏云慧山禅师辉州　定让庵主
顺德天宁思微禅师今主法王　晋宁行裕庵主
上都华岩惟寿禅师　辅城明金庵主
山东龙泉思然禅师　德州惟兴庵主
中山乾明宝润禅师　普宁思聪庵主
古燕鞍山智藏禅师　古燕圆净居士

此乃法王寺当代住持嗣法小师思微立的石碑。图 111-2 是专为月庵禅师建的塔。

三、元满公道行碑

此碑题为"宣授诸路释教都总统佛慧普通慈济大禅师汾溪满公道行碑"，朝列大夫随路诸色民匠都总管胡居祐的撰文和篆额，延祐改元岁次甲寅八月，嗣小师住持河南府在城十方天庆禅寺沙门福喜立的碑。嵩山大法王禅寺传法住持嗣祖沙门法弟思微的主缘并书丹。据此文，和尚讳号福满，元世祖皇帝至元丙子在京师设资戒大会时受具戒，参访磁州大明的堂头理公，后居于白茅山，直到至元壬辰拜谒京师万寿寺之让公大和尚。其后历住各方名刹，入住嵩阳太室的法王寺，延祐改元岁甲寅，在寺里东北隅庞坞建一小室，移居于此，直至圆寂。《金石萃编补正》作者论及此碑文时写道："此刻铭在法王寺，余游嵩岳，独未到此寺，故箧中缺少此拓本。"由此可知没有复庵碑拓本的原因。

四、元请亮公长老疏

亮公长老住持嵩山大法王禅寺时，为国烧香修行，为祝皇帝圣寿无疆请佛保佑。此乃为纪念他于至元三十一年（1294）写的疏，至元二年（1265）岁次丙子重阳下旬五日（译者注：九月二十五日），由住持嗣法无能了学立的石碑。

如上所述，大法王寺有石碑四个，加上复庵碑共五个。对此等石碑特别应该注意的是，元代的曹洞宗由万松老人起源，其法脉在京师万寿寺、嵩山少林寺及法王寺、山东灵岩寺得以发展繁荣。（常盘大定文）

图 110-1 · 嵩山 · 法王寺 · 全景

图110-2·嵩山·法王寺·十五层砖塔

图 111-1 · 嵩山 · 法王寺 · 复庵和尚塔铭 · 拓本

图 111-2 · 嵩山 · 法王寺 · 月庵和尚塔

会善寺

会善寺距少林寺以东十五里，位于太室山西南麓积翠峰脚下。为嵩山中仅次于少林寺的巨刹。据宋代王著的《会善寺碑》，此处原为北魏孝文帝夏季的离宫，后为了澄觉禅师，将离宫改为了寺院，隋朝开皇年间改称"会善寺"，在唐代呈现盛况。寺中有道安禅师碑、净藏禅师碑、景贤大师身塔石记碑、戒坛记碑，对此将在后文详述。门外田地里有一块倒地石碑，明代嘉靖年间（1522—1566）所刻，是"佛祖宗派之图"。此图中，除天皇道悟以外，另加了天王道悟。将天皇视为青原派，将天王作为马祖道之法嗣，且天王下派生云门、法眼二宗。此图将临济、沩仰、云门、法眼四宗皆归为马祖道一派，唯曹洞宗一宗属青原法脉。现在会善寺属于曹洞宗，在当时可能属于临济宗法脉吧。少林寺的彼岸宽公在《五家宗派图》中主张除天皇以外不存在天王，这应该是对会善寺"除了天皇道悟以外，还有天王道悟"的反驳吧。

唐代在会善寺域内设有戒坛院。在方丈室的走廊下面有一块石碑，碑面刻有戒坛牒，碑阴刻有戒坛碑记。戒坛牒写于代宗大历二年（767），戒坛碑记是贞元十一年（795）陆长源的撰文。（图112-2）把牒和记合起来看，可知以下事实：唐初，供奉大德一行禅师及临坛大德元同律师，在此设置五佛正思惟戒坛，此处幽静肃穆，作为戒坛为洛域之最，但因河洛战乱塔庙被毁。对此，上都安国寺的临坛大德乘如立志复兴，请朝廷抽律僧七人护持此处，每年设方等戒坛，以常日讲戒律，黄门侍郎平章事王缙等的奏章获恩许。牒中列举出住持律僧七人，分别是东都白马寺的崇光，敬爱寺的囗囗，同德寺的重进，奉国寺的法囗，香谷寺的从恕、惠深，安州龙兴寺的囗囗；戒坛碑记里并未说是七人，只说有安国寺的藏用，圣善寺的行严，会善寺的灵珍、慧海等。要探明二者为什么不同，恐怕并非易事。

由此可知，会善寺的戒坛于大历二年（767）建成。此戒坛又称琉璃戒坛，众多高僧在此授戒，诸如赵州和尚等。据说元圭禅师在此戒坛为岳神授戒。时为戒坛之鼎盛时代，一直到元代，戒坛都较为兴盛。寺域的历代住持墓塔中，元代延祐年间所建的，有的叫故戒坛会善寺，有的叫戒坛会善两寺，有的称万安都坛主，有的称释教都坛主。因此，戒坛院和会善寺或是一个寺院，或是两个寺院。作为一个寺院时，或以会善寺为主，或以戒坛为主，这些应知晓。戒坛院原来在寺院的西边，现已废止，未留任何痕迹。其故址有宋朝开宝三年（970）建的戒坛院古塔，还有金大定二十五年（1185）建的戒坛院威公山王塔。（图112-3）威公塔上部有题字"阿弥陀佛"，佛龛内刻有一佛、二菩萨、二罗汉，右方阴刻有陀罗尼，左方阴刻有菩萨。（常盘大定文）

图115是道安禅师碑和景贤禅师身塔石记碑，道安禅师碑嵌在会善寺的墙壁上。现在文字大都磨损，难以辨认，但是古拓本尚有一大部分文字完好保存，并被收录在《金石萃编》里。据《说嵩》所记，原来题为"大唐嵩山会善寺故大德道安禅师碑"，是广平宋儋撰文并书写，开元十五年（727）建立。据《嵩阳石刻记》讲，末行原来有建塔僧破灶口的名字，又据《金石录补》讲，道安的生年是开皇四年（584）。假若如此，圆寂于景龙二年（708）的禅师，实际为125岁高龄。古拓上有"大师弘忍，师禅要于崭下"之语，还有"是有双峰之学"之语。此乃道安对黄梅的五祖弘忍传法时说的话。还有"禅师顺退避位，口美于玉泉""拂衣而起，却游以辞益指于荆州玉泉"之语，讲的是道安同荆州玉泉寺的大通禅师友交，主动退出嵩山，推美于好友神秀的事。还有"是以弟子慧远"之语，讲的是他的弟子里有慧远。净藏开始师从嵩山的惠安，后又师从于绍州的慧能，住在会善西塔安禅师塔院。安禅师即道安，那么，禅史上著名的慧安即道安。慧安同神秀、惠能一起师从于黄梅的弘忍，其弟子有元圭和破灶堕。道安碑的建立者是破灶口，愈加能证明道安即慧安。有关元圭的情况已在嵩岳寺一节里讲过。（常盘大定文）

景贤大师身塔石记碑，题名全称为"唐嵩山会善寺景贤大师身塔石记"。文中有"菩提大通法胤也""得大通发之求哀挥汗成口，大通照彼精悫，喻以方便，一见悟大"之语，表明景贤已成为荆州玉泉寺的大通神秀的弟子。景贤参拜大通实为智宝禅师的指示。景贤在大通的指引下大彻大悟后，客居在巴峡的三抗山中，后在本寺，于开元十一年（723）癸亥圆寂。弟子们在北岩为其建立真身塔，此塔现已不在。文中有"祖师达摩西来，历五叶而授大通"之语，由此可知景贤位列第七祖。

通过道安、景贤二碑及净藏铭可知，会善寺里先

图112-1 嵩山·会善寺·全景

有与神秀、惠能同门的慧安,后有南宗惠能之法子净藏与北宗神秀之法子景贤同居于此。这与禅宗史上传说的南北二宗如同水火、互不相容的情况大相径庭。（常盘大定 文）

图113是会善寺净藏禅师身塔,塔位于寺院的西部,于唐代天宝五年(746)建立。塔平面呈八角形,多层,立于基座之上。基座高约8尺,现已破损,难以详知当初的形状。初层塔身保存较好,一面长6尺3寸7分。塔身下部有低矮基座,束腰各面均砌出3个横长壶门。八角形柱,柱头铺作为一斗三升,补间有唐代特有的驼峰。塔身正面辟半圆形拱门,左右两侧各置假门。立方、楣、平轴以及雕饰都值得欣赏。后壁嵌有塔铭石,另外,各壁面均隐出直棂假窗。

塔身以上为叠涩檐,塔盖亦为砖砌,上面造有极为低矮的二层塔身,塔檐上各角都有花叶雕饰,冠有圆盖,盖顶嵌有大理石的宝珠莲花座。莲花座的花瓣雕刻最为富丽。

总之,此塔平衡度好,形态美丽,斗拱、驼峰、窗户等的制作手法,均充分体现了唐代木制建筑的特征。（关野贞 文）

据后壁塔铭石所述,净藏禅师初师从慧安,慧安圆寂后跟随绍郡的惠能,受印可后回到嵩阳,住在会善西塔安禅师塔院,有"可、粲、信、忍"等宗旨密传第七祖之称。天宝五年(746)圆寂。据此铭可知,净藏曾跟随北方的慧安和南方的惠能,将南北禅法融汇在一起。南岳怀让亦走同一路径,先师事于慧安,受净藏启发后又师事于惠能,终成大事。从净藏及怀让向上追溯,上述景龙二年(708)圆寂的道安可能就是在禅宗史上占有重要位置的慧安,慧安和道安就是同一个人。不管怎样,净藏师事于慧安后,又师从于六祖惠能,回来后住在安禅师塔院,继承了安禅师衣钵,成为禅宗法脉上有第七祖之称的高僧。净藏之名完全被淹没在历史之外,但从其事迹及圆寂后所建的身塔来看,毋庸质疑应是禅宗史上举足轻重的人物。塔铭内容如下。（常盘大定 文）（图114-1）

嵩山口口口故大德净藏禅师身塔铭并序

大师讳藏,俗姓戚,济阴郡人也。十九出家,六载持诵金刚般若、楞伽、思益等经,写瓶贯缒,讽味清纯。来至嵩岳,遇安大师,亲承咨问,十有余年。大师化后,遂往韶郡,诣能和上,咨玄问道,言下流涕。遂至荆南,寻见大师,亲承五载。能遂印可,付法传灯。指而北归,至大雄山玉像兰若,一从栖寓,三十余周。名闻四流,众所知识。复至嵩南会善西塔安禅师塔院,见兹灵迹,实可奇耳,遂于兹住。阙乎圣典,乃造写藏经五千余卷。师乃如如生象,空空烈迹。可、粲、信、忍宗旨密传,七祖流通,起自中岳。师亦心苞万有,慧照五明。为法侣律梁,作禅门龟镜。于是化流河洛,屡积岁辰。不惮勤劳,成崇圣教。春秋七十有二,夏三十八腊,无疾示疾,憩息禅堂,端坐往生,归乎寂灭。即以其岁天宝五载次丙丁十月廿六日午时,奄将神谢。门人慧云、智祥、法俗弟子等,莫不攀慕教缘,奢花雨泪,哀恋摧恸。良可悲哉。敬重师恩,敕铭建塔。举高四丈,给砌一层。念多宝之全身,想释迦之半座。标心孝道以偈而宣。

猗欤高僧,嵩嶽劫增。心星聚照,智月清升。坐功深远,灵迹时微。身惟上德,成兹法兴。其一五法三性,八万四千。帝京河洛。流化通宣。不惮勤劳,三五载间。造写三藏,顿悟四禅。其二摩钵底,定力孤坚。悲通法界慈洽人天。法身圆净,无言可诠。门人至孝,建塔灵山。其三

图115-2是敕赐嵩显禅寺碑记。此碑文在《金石萃编》第二十七卷北魏篇有登载,"碑高六尺七寸,广三尺三寸,下截残缺,起末不可辨,仅存二十一行,行三十一字,正书篆额","大魏口平二年岁在己丑四月戊申口八月乙卯口口"。此年号在登载的拓本上并没有见到,但是根据己丑的干支,可以推知是永平二年(509)。仅存的文字中,有"垂慈晖""大千""道风""法雨""帝陛下纂统、重光绍隆""普天闻般若之音""报施"等文字,可以判断这是赞扬宣武帝的绍隆三宝功德的文字。文字大都磨损,实在可惜。

图 112-3·嵩山·会善寺·戒坛院威公山王塔

图 113·嵩山·会善寺·净藏禅师塔

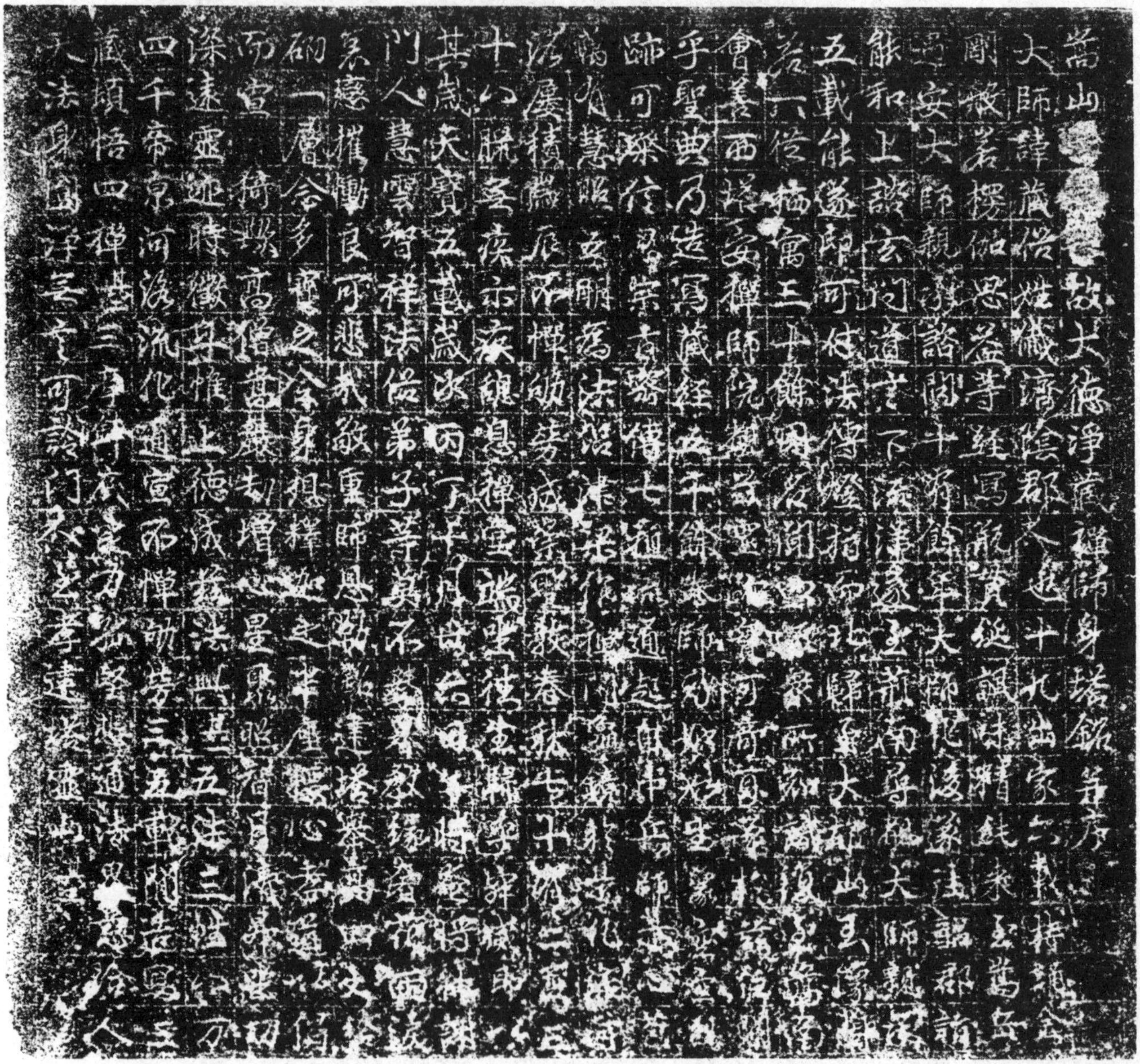

图114-1·嵩山·会善寺·净藏禅师身塔记碑·拓本

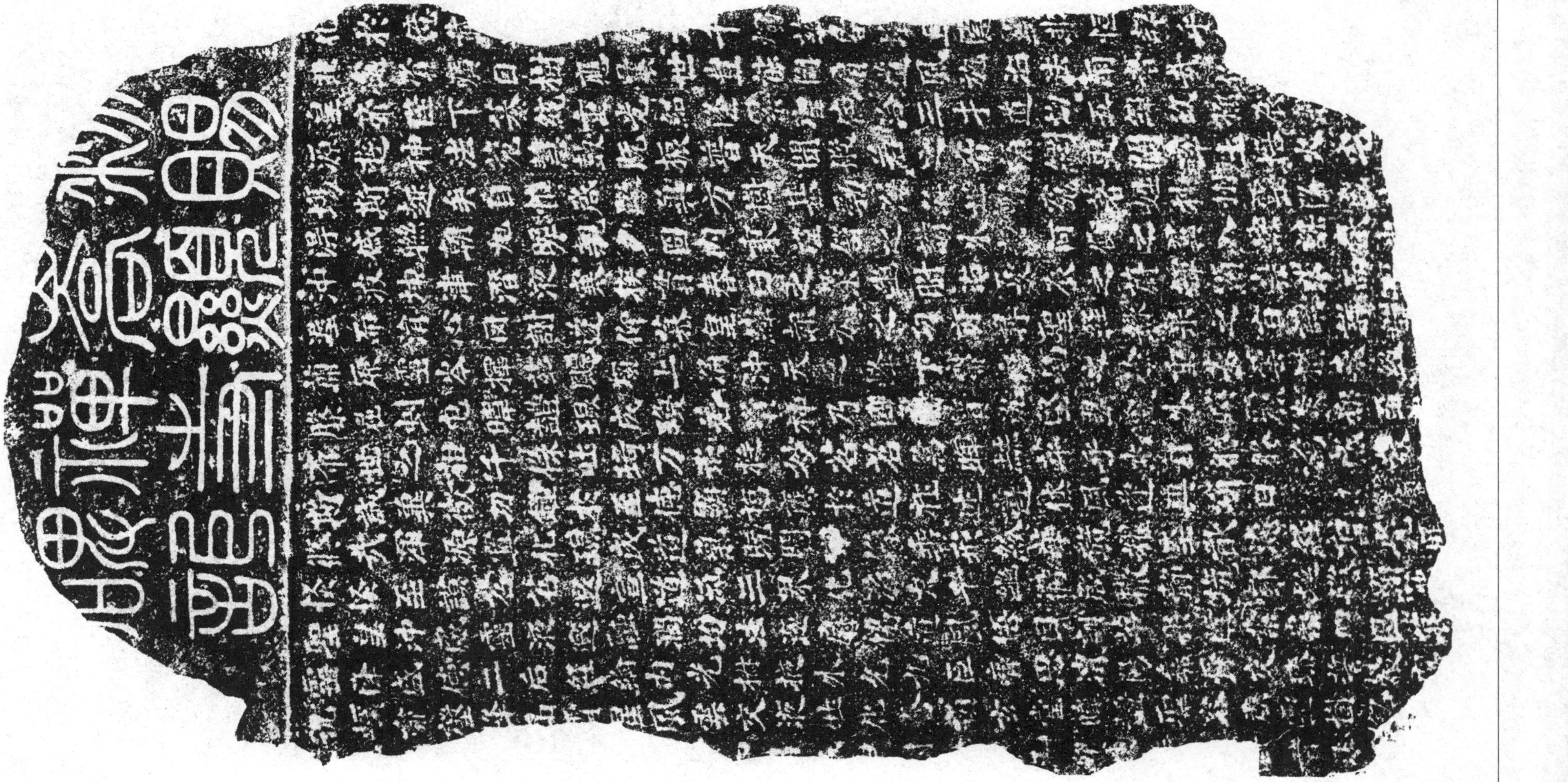

图 114-2 · 嵩山 · 会善寺 · 敕赐嵩显禅寺记碑 · 拓本

图115-1·嵩山·会善寺·道安大禅师碑·拓本

图115-2・嵩山・会善寺・景贤大师身塔石记・拓本

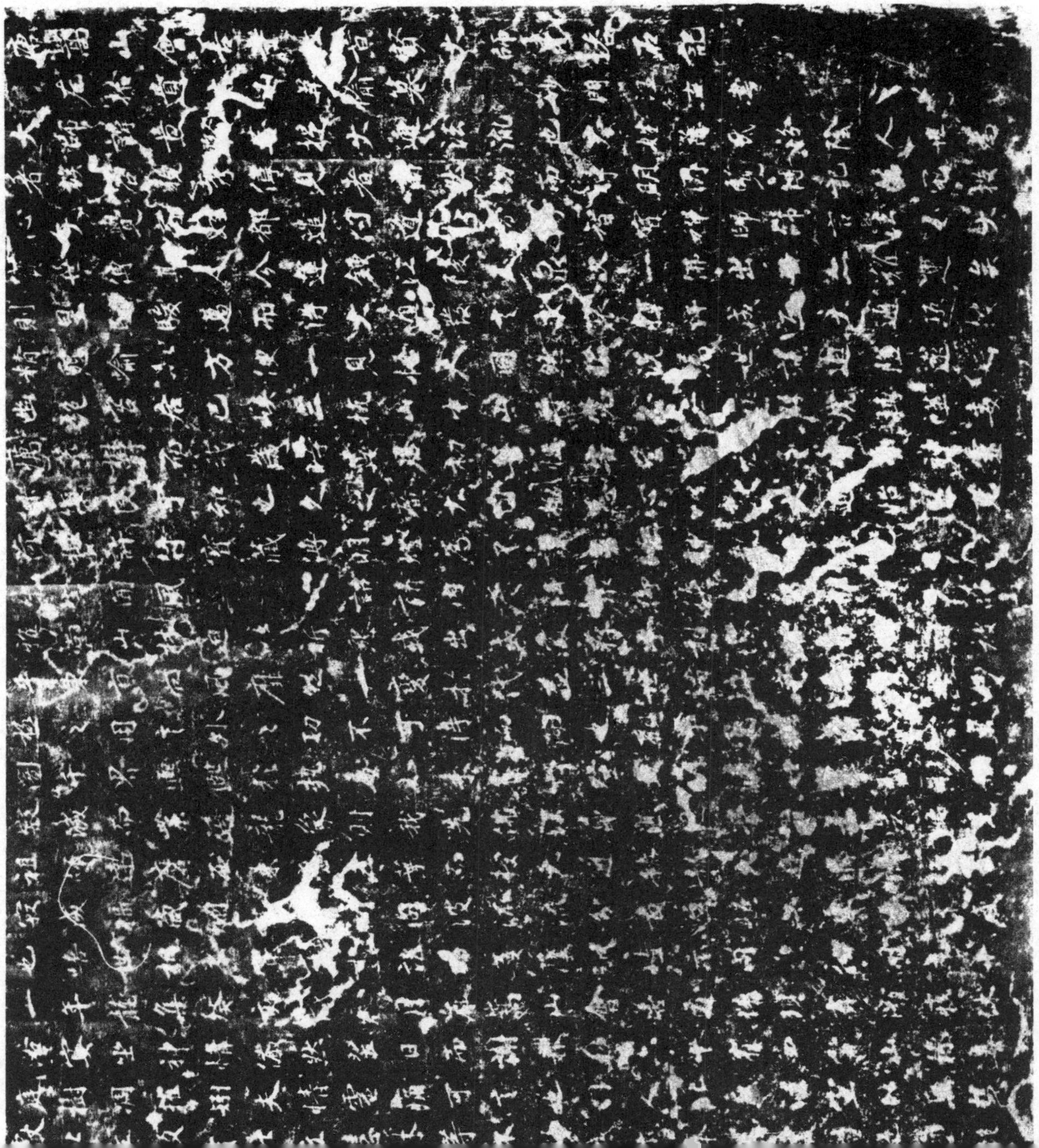

中岳嵩阳寺碑

碑身宽3尺6寸4分,厚9寸4分,高7尺5分,螭首高约3尺。

此碑于东魏天平二年(535)四月八日建立。原在嵩阳寺,后因寺庙被废改为道观,改称嵩阳观。麟德元年(664),碑被移到会善寺。螭首最为雄丽。正面有佛龛,刻有三尊佛。两边左右刻有两罗汉、两力士。上面有飞天,下面有香炉、两狮、龙王、风神,另有四尊形状怪异之雕像。下面刻有俗僧十人的供养图,再下面为一列七个小佛龛,再下面刻有"中岳嵩阳寺碑铭"。

碑阴面螭首内刻有小佛龛,碑身刻有八行十二列小佛龛,旁边分别标有佛名。另外,碑身两侧,是最为雄劲的云龙纹浮雕。碑立于方趺上,方趺上有宽大斜面,上面刻有忍冬纹。(关野贞 文)

碑铭为隶书,撰写者姓名不详。据此可以阐明佛教史的多个问题。北魏大德生禅师深受皇帝(孝文帝)的信任及朝野的仰慕,他为中岳未有塔庙而感到遗憾,于是在太和八年(484)建立堂塔,设置僧房。当时司空公裴衍在南齐都城任职,仰慕禅师的功德,辞职回到北魏,成为寺檀主。禅师欲建千善灵塔,十五层塔建到七层之时辞世。大弟子沙门统伦、艳两位法师,继承禅师的遗志,不仅建成了十五层塔,又建了两座七层塔。至天平二年(535),沙门统伦、艳二人竖立了这座雕有尊像的石碑。据说高祖的大沙门统尊法师修缮了天宫,造了白玉像龛。

在嵩山建立寺塔,一般认为始于太和二十年(496)的少林寺,据此碑文可知,比少林寺早十二年,业已建立此伽蓝,有了灵塔。此塔被誉为"自佛法光兴未有斯壮也"。造寺后历经五十一年才建碑,由此可知七层塔建成十五层的工程是何等巨大。据史料记载,檀主裴衍景明二年(501)归国,隐身嵩山,至熙平年间(516—517)在山中度过十五六年,而这段时间恰为造塔工程最为兴盛之时。《洛阳伽蓝记》中就有嵩阳寺的相关记载。文中提到"多宝踊升""三车之喻""常乐""我净"等,皆以《法华经》《涅槃经》二经为背景,此高塔可能是将《法华经》中多宝塔从地踊出的说法现实化的尝试。

石碑最后,追刻了唐代麟德元年(664)由嵩阳观移于此地并建立会善寺的情况。此碑现今依然存于寺西边的戒坛院。(图116-1、116-2)(常盘大定 文)

图 116-1・嵩山・会善寺・嵩阳寺碑

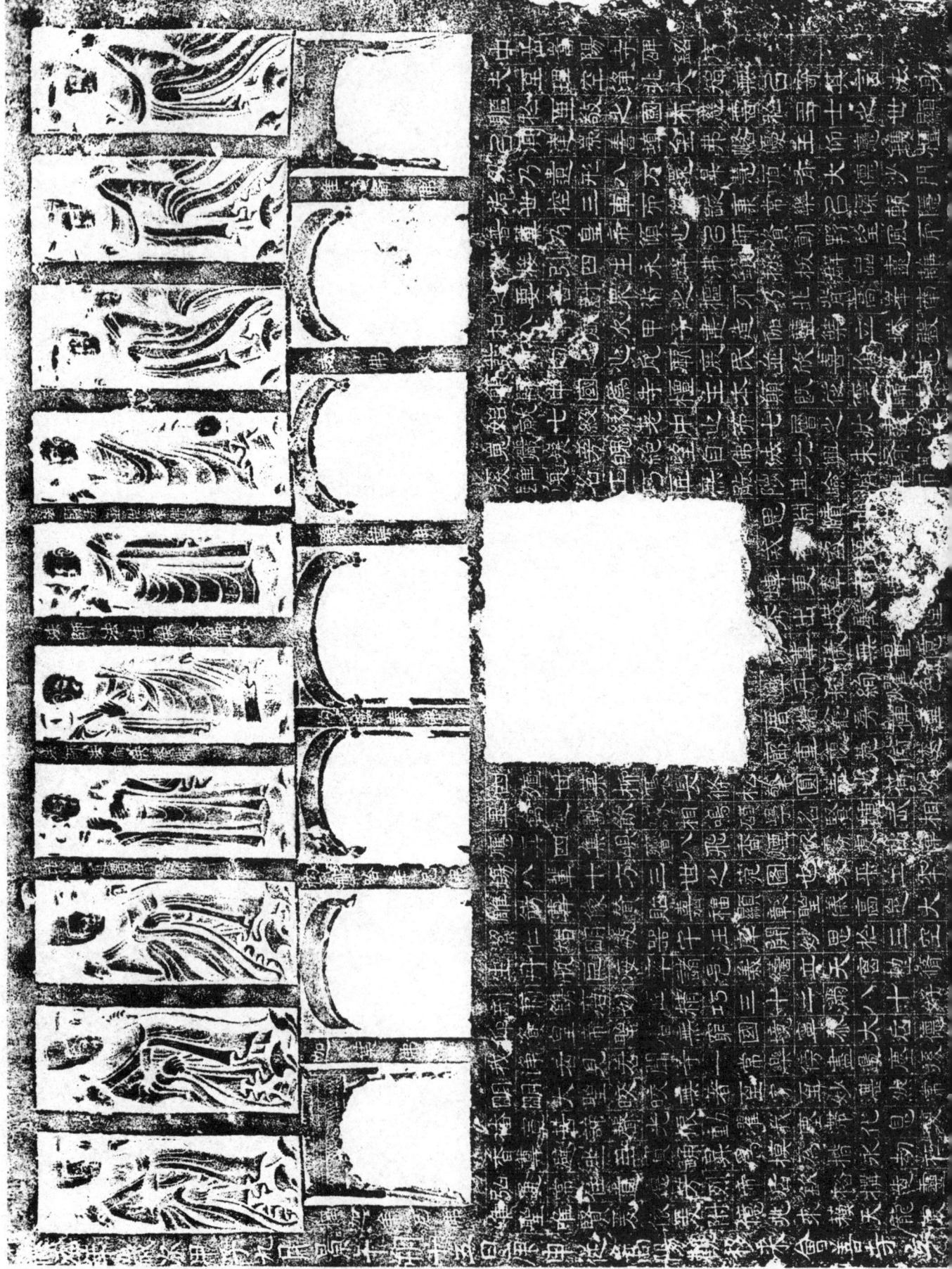

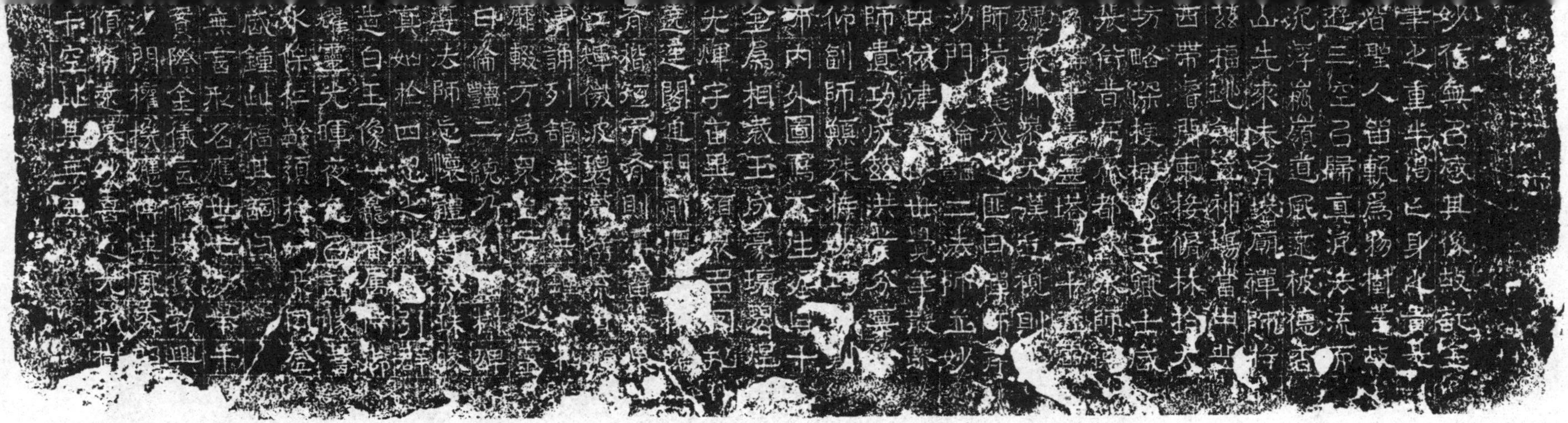

图 116-2・嵩山・会善寺・嵩阳寺碑・拓本

永泰寺

　　石碑位于永泰寺的前庭，下部已被埋没，拓本里缺少这部分，但是在《金石萃编》里有记载，可以把缺少的内容补充完整。该碑由沙门靖彰撰文，天宝十一年（752）建立。根据碑文可以了解以下事实。

　　永泰寺由孝文帝之妹永泰公主于北魏正光二年（520）创立，公主出家为尼，为表达对佛教的笃信，孝文帝下令建立此寺，号称明练寺，为尼姑庵。周武废除佛教时，曾一度废绝此寺，隋代开皇年间（581—600）再次复兴。至唐代贞观三年（629），因担心尼姑庵深处山林，恐遭非人侵扰，即移至偃师县，故此地废止。至神龙二年（706），嵩岳寺的道莹，感慨于丢弃了此形胜之地及永泰公主之志，于是上奏朝廷，要求设立寺院，并称之为永泰寺，此为僧寺。寺中的千佛二古塔，昔明练（译者注：指明练公主，南朝梁武帝的女儿）之所起；大窣堵波者，隋仁寿二年（602）所置；东有两支提者，昔寺主道莹上座崇敬遗教门人所造。九级浮图是比丘真一为故兄寺主真藏所建。而且，撰者将此盛事与昔跋陁三藏的县记相对应，即县记中所说的"此方，人安众和，福利弥广"。

　　图118-2为永泰寺的香台及砖塔。永泰寺是北魏创建的古刹，寺院中有众多遗物。一是大唐中岳永泰寺碑。二是唐代天宝年间的石幢，在寺门外。三是八角香炉台，在寺门外。四是寺后面的万佛殿，用约1尺见方的砖砌成，呈方形，仅东侧设门，以打开。砖上有中浮雕（译者注：介于高浮雕与浅浮雕之间）的佛龛，内外两壁皆由此类砖建成，故而得名万佛殿。永泰寺碑中有"千佛二古塔者，昔明练之所起"的文字。若真如此，此殿即为中国最古老的建筑。五是寺后的田间建有两座砖塔，分别为十一层四角砖塔及七层四角砖塔。唐碑中记有"大窣堵波者，隋仁寿二载立所置"，还有"九级浮图者，比丘真一，敬为故兄寺主真藏之所建也"，其中之一可能就是两塔中的一塔。（常盘大定 文）

图118-1·嵩山·永泰寺·香台

图 117 · 嵩山 · 永泰寺 · 碑颂 · 拓本

图 118-2 · 嵩山 · 永泰寺 · 砖塔

碑楼寺

刘碑

碑楼寺位于登封县城以东 50 里的刘碑村。碑于北齐天保八年（557）建立，立于方趺之上，方趺刻有美丽的小佛龛及忍冬纹，螭首极为雄劲，内刻佛龛，龛内有释迦、两罗汉、两菩萨。碑身中央造有较大佛龛，内有释迦，左右有两罗汉和两胁侍菩萨像。其上有一小龛，左右各有三个小龛，内有菩萨像，刻工极为精丽。

碑阴螭首内造有两佛并坐的佛龛，其下七座小佛龛并排，再下面，中央有香炉，左右并列刻有供养人物。碑铭及供养者的姓名刻在下面。碑两侧有最为奇异的云气螭龙纹浮雕，上面刻有三尊佛。（关野贞文）

据碑铭可知，建立此碑之人是佛家弟子刘碑。刘碑生于名门，笃信佛教。在嵩左任官期间，募集乡邑酋领，于金山采石，从远处求得名匠，建了此碑。对上祝愿皇室永远昌盛，对下祈求师僧七世及其子孙兴旺。并且祈求时时遇到贤才，处处享受圣恩。碑文中写道："视之者，目中花生；观之者，我心寂灭。"这些文字如实反映了立碑者的愿望。文中还有"喻三车以运诸子"之语，可知是以《法华经》为背景。铭文下纵横共列约 110 人的姓名，皆为刘姓，由此也能佐助刘碑乃出自名门。（图 119-1、119-2、图 120-1、120-2）（常盘大定文）

图 119-1·嵩山·碑楼寺·刘碑·正面

图120-1·嵩山·碑楼寺·刘碑侧面图案

译后记

接受翻译本卷任务时没有多想，兴致还比较高，觉得对于日语出身、喜欢古汉语、生长在河南又特别爱旅游的自己来说，应该还能对付。谁知翻译进行到关于建筑和佛像的描述后，越来越感到力不从心。参考资料甚少，网上也查不到有用的。没有办法，我只好利用假期回国之际，拿着书稿、图片去原址做一些调查。结果直观印象虽然有了，但是书中那些有关建筑的专业术语，翻译起来还是没有把握。后来请日本友人帮忙，加上反复查核多种工具书，终于勉强完成了任务。

河南是中华民族与华夏文明的主要发祥地，四大发明中有三大发明出于河南，八大古都中河南有四个，而且自古就有"天下名人，中州过半"之说。河南到处都是宝藏，世界文化遗产也非常之多。本书作者常盘大定曾五次考察中国，前三次都到过河南。关野贞多次考察中国，也到过河南。他们在访问地所做的记录和所拍的照片，真实地记载了20世纪初期的中国史迹和文物。

常盘大定是佛教史专家，对中国的宗教遗迹格外关注；关野贞是建筑史家，他在中国的考察，主要集中在建筑方面。现在很多珍贵史迹都被破坏了，幸亏本书作者为它们留下了照片，让后人得以一睹它们的旧日风采。当我拿着书稿、图片去龙门石窟做调查时，发现本书图片里面的一个漂亮的侍女雕像，已经没有了头部。如果将来需要修复，本书里面的图片一定是第一手参考资料。

在会善寺，我发现有一个图片上濒临倒塌的古塔已经得到了修复，令人感到欣慰。只是有的寺院对某些雕刻的修复已经和本书上的原图大相径庭，还期待有关人士将来可以根据此书加以修正。还有一些碑志、碑文现在都看不清了，但是书上却记有完整的碑文，顿时倍感此资料的珍贵。

本书的学术价值不言而喻，相信每一位读者都能感觉得到。

千辛万苦终于把这本书译完了，真心感谢家人、友人的支持和帮助，感谢此套丛书的主编和编辑对我的译文所做的修改。由于水平所限，翻译不当和错译之处在所难免，敬请读者批评指正。

苏红